MITTELMEER
TUNESIEN
Touggourt
Ouargla
Tripolis
CHER GROSSER ERG
Ghadamis
LIBYEN
ÄGYPTEN
TASSILI-N-AJJER
NE
HOGGAR-
GEBIRGE
Assekrem
Ghat
Djanet
A
R
A
amanrasset
DJADO-PLATEAU
OGGAR TASSILI
TIBESTI-
GEBIRGE
TÉNÉRÉ
KAOUAR
EG
AIR-GEBIRGE
Bilma
Fachi
TSCHAD
Agadez
NIGER
H
E
L
SUDAN
Zinder
TSCHAD-
SEE

Désirée v. Trotha

HEISSE SONNE KALTER MOND

tuaregnomaden
in der sahara

Désirée v. Trotha

HEISSE SONNE KALTER MOND

tuaregnomaden in der sahara

VA
VILLA
ARCENO

Die Deutsche Bibliothek – CIP-Einheitsaufnahme
Ein Titeldatensatz für diese Publikation ist bei
Der Deutschen Bibliothek erhältlich

2. Auflage 2002

veröffentlicht in der Edition "Villa Arceno"
www.frederking-thaler.de

Fotos und Texte: Désirée v. Trotha, München
Lektorat: Irene Rumler, München
Herstellung: Büro Caroline Sieveking, München
Bildlayout, Umschlaggestaltung und Satz: Grafikhaus München
Druck und Bindung: Printer Trento s.r.l., Trento

Printed in Italy

ISBN 3-89405-517-0

Umwelthinweis: Das Papier wurde aus chlorfrei gebleichtem Zellstoff hergestellt und enthält keine Aufheller. Die Einschweißfolie – zum Schutz vor Verschmutzung – ist aus umweltfreundlicher und recyclingfähiger PE-Folie.

vielen Dank

Abdallah, Abdel, Abdelkrim, Abdelrahmane, Abdelrasak, Achmed, Achmoudou, Adam, Addu, Agag, Aischa, Ali, Alita, Amina, Amoumen, Anett, Ata, Atefok, Atyma, Awinougou, Awinoutou, Azuz, Bachir, Baika, Barney, Bettina, Bocha, Brigida, Buta, Bubakar, Chächa, Chära, Chaled, Channa, Chata, Chikhi, Chikla, Dachi, Dalla, Danda, David, Diane, Dschima, Eguru, Elhadji, Erika, Faiza, Fardjallah, Fatima, Fatna, Fatuma, Frère Alain, Frère Antoine, Frère Edouard, Gerd, Hadija, Hadj Malouchounou, Hadj Oumar, Hadj Sidi, Hadja Cari, Hadja Katabou, Hadja Kune, Hadja Tata, Haïdera, Halima, Hamilla, Harachi, Haruna, Hutu, Ibrahim, Ibrahima, Iman, Islam, Ismarel, Iti-Iti, Jean-Luc, Jerab, Jürgen, Kadul, Kakel, Kanyana, Knut, Kola, Lalla, Leila, Machmoud, Madani, Madame, Mahandi, Malika, Mariam, Mariama, Marie-Thérèse, Marie-Jo, Marion, Matthias, Mechmedi, Meniha, Metita, Mobruk, Mohamed, Mohar, Momo, Mona, Mustaffa, Nadir, Naima, Nick, Offon, Onkele, Oumelkir, Ousman, Pascal, Rachida, Raischa, Rhissa, Roumer, Rualfa, Sahra, Sali, Samia, Seddik, Sidi, Simon, Sliman, Solah, Steff, Sibylle, Takomart, Tambo, Tameditin, Tamische, Tamko, Tanga, Tanna, Tatalo, Tatiana, Thumphu, Tinka, Tita, Toto, Tulla, Tuta, Umma, Virginie, Wantam, Widitan, Yasmin, Zora, meiner Familie und Freunden.

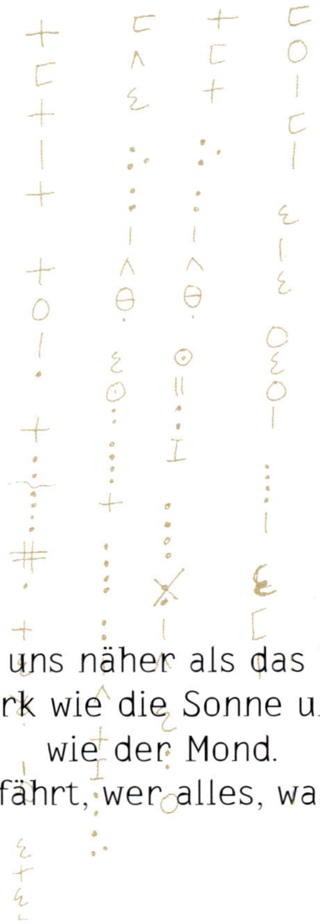

Der Tod liegt uns näher als das Lid dem Auge.
Ein Freund sei stark wie die Sonne und eine Frau sanft wie der Mond.
Das Glück erfährt, wer alles, was atmet, liebt.

heiße sonne, kalter mond – Landschaft und Menschen. Die Menschen Tuaregnomaden. Die Landschaft Wüste. Die größte Wüste der Welt. Wüste, die seit Jahrhunderten den Alltag der Nomaden prägt. Nomaden, die mit der Wüste zu leben gelernt haben. Ténéré – das Land da draußen – nennen sie jene lebensfeindliche Umgebung, die sie immer wieder durchqueren müssen. Ihre Lager liegen im Sahel, in fruchtbaren Gebirgstälern, in von Wüste umschlossenen Oasen und heute auch in Städten. Sie liegen dort, wo es Wasser gibt. Und sie sind schnell abgebaut, wenn die Ressourcen knapp werden, wenn die Zeit zum Weiterziehen naht. Menschen und Tiere in ewiger Bewegung.

Die Sahara ist ein verlorenes Paradies. Vor vielen tausend Jahren lag dort, wo heute die große Leere herrscht, ein blühendes Land. Versteinerte Bäume und Tierknochen, vorgeschichtliche Pfeilspitzen und Faustkeile, deutliche Felsbilder mit Giraffen und Elefanten erinnern daran. Geheimnisvolle Spuren einer fernen Vergangenheit. Zeugen der Zeit. Weite Meere, tiefe Seen und reißende Flüsse verschwanden und hinterließen hohe Felsen, endlose Schottereberen und weich gewellte Dünen, die durch Sonne und Wind fortwährendem Wandel unterworfen sind. Kälte und Hitze im Streit. Wo gestern noch kühles Wasser floss, liegt heute ein Teppich aus sattgrünem Gras und morgen heißer Sand.

Ich kenne nur einen winzigen Teil der acht Millionen Quadratkilometer weiten Wüste. Südalgerien und Nordniger. 1700 Kilometer südlich von Algier liegt das Hoggar-Gebirge. Vor Jahrmillionen verwandelten die gewaltigen Lavaströme heftiger Vulkanausbrüche den präkambrischen Untersatz aus verschiedenartigem Granit- und Gneisgestein, Glimmerschiefer, Quarzfelsen und Zwiebelmarmor in ein bizarres Gebirge von bis zu dreitausend Metern Höhe. Verwegene Kegel, klotzige Festungen und hohe Dome, unterbrochen von Feldern aus verwittertem Geröll und feinem Sand, die durch Erosion beständiger Veränderung ausgesetzt sind. Ton-, Kalk- oder Sandstein, Granit und Basalt. Farbschattierungen von Braun, Blau, Grau bis zum schwärzesten Schwarz. Ehemalige Flusstäler wurden blockiert. So entstanden zahllose Wasserbecken. In einigen gab es, abgeschlossen vom Rest der Welt, bis 1920 Krokodile.

Weiter in Richtung Süden liegen die von skurrilen Felsformationen unterbrochenen Sandfelder des Hoggar-Tassili, eine Hochebene, die nach 700 Kilometern in die Ausläufer des Aïr-Gebirges in der Republik Niger übergeht. Eine Vielzahl kleiner, dunkler Gebirgsstöcke vulkanischen Ursprungs, 400 Kilometer lang und 250 Kilometer breit. Fantastisch zusammengewürfelte Felsblöcke, dazwischen flache, fruchtbare Täler, deren Boden von verstreuten Akazien gehalten wird. „Die Schweiz der Wüste" – so nannte der deutsche

Saharaforscher Heinrich Barth um 1850 enthusiastisch den Aïr, der während der Regenzeit von den Niederschlägen des tropischen Afrikas profitiert. Allerdings fällt der Regen sehr unregelmäßig. Je nach Wassermenge verwandelt sich das Gebirge in einen sattgrünen Garten oder behält seinen wüstenhaften Charakter.

Die Tuaregnomaden betrachten das Gebiet der Sahara als ihren Lebensraum und akzeptieren Staatsgrenzen nur schwer. Seit der Unabhängigkeit Nordafrikas von den Kolonialmächten zu Beginn der sechziger Jahre leben sie über die fünf Staaten Niger, Mali, Algerien, Libyen und Burkina Faso verteilt. Plötzlich war es nicht mehr möglich, uralten Wegen zu folgen. Neue Grenzen wurden gezogen. Neue Herren ergriffen die Macht. Oft mochten sie die Tuareg nicht, diese ehemaligen Herren der Wüste, Schutzzollerheber von den Karawanen, Sklavenhalter und Kollaborateure der Kolonialherren, und suchten daher nach Mitteln und Wegen, Vergeltung zu üben und sie zu unterdrücken.

Die Tuareg hatten niemanden, der für ihre Sache eintrat. Der Plan für einen eigenen Staat scheiterte am Veto des französischen Präsidenten Charles de Gaulle. Seit der Kolonisation verweigerten sie jegliche Anpassung – zur Schule zu gehen, Berufe zu erlernen und sesshaft zu werden. Zugleich war ihre traditionelle Ständegesellschaft seit Anfang dieses Jahrhunderts in Unordnung geraten. Ursachen dafür waren die Abschaffung der Sklaverei, das Verbot der ehrenvollen Raubzüge und der Verlust ihrer Souveränität und der damit verbundenen Erwerbsmöglichkeiten, denn die uneingeschränkte Mobilität zwischen Dürre- und Regengebieten sowie den großen Märkten des Sahels und den Salzoasen der Sahara bildete die Grundlage für ihre Existenz.

Von alters her gliedert sich das Volk der Tuareg in mehrere Konföderationen, die wiederum aus unterschiedlich vielen Stämmen bestehen, die den verschiedenen Ständen der gesellschaftlichen Hierarchie angehören. An erster Stelle stehen die ‚imouhar' oder ‚imajeghan' – freie Menschen, an denen sich die Wertvorstellungen aller anderen orientieren. Ähnlich geachtet sind die ‚ineselemen' – die Vertreter des Islams, die sich durch genaue Kenntnis des Korans auszeichnen, Streitigkeiten schlichten und religiöse Rituale wie Taufen und Eheschließungen durchführen. Die Zugehörigkeit zu den ‚ineselemen' ist nicht ausschließlich ein erbliches Privileg, sondern kann von jedem durch das Studium des Korans erworben werden. Die dritte und größte Gruppe bilden die Vasallen, ‚imrad', die den ‚imajeghan' früher tributpflichtig waren. Als Gegenleistung wurden sie vor den Raubzügen feindlicher Gruppen beschützt.

Der unterste Stand der Freien sind schwarze oder arabische Landarbeiter, ‚iseggaren', die früher die Oasengärten und Palmenhaine der ‚imajeghan' bewirtschafteten und ein Fünftel des Ertrags behalten durften. Die ‚iklan', Unfreie, waren bis zu ihrer Befreiung durch die Franzosen als Sklaven allen anderen Tuaregständen zu Diensten und wurden traditionell als „Kinder" angesehen. Bei schlechter Behandlung hatten sie das Recht, einen neuen Herrn zu wählen. Die Gruppe der ‚enaden' – Handwerker wie Schmiede, Zimmerleute, Gerber und Schuster – steht außerhalb der Hierarchie, geachtet, verachtet und gefürchtet zugleich. Als Beherrscher des Feuers und der Mineralien wähnt man sie mit den Geistern im Bund, und als Musikanten, Dichter, Sänger und Spione bei feindlichen Stämmen durften sie manche Tabus brechen, an die alle anderen gebunden waren – und dürfen es noch. Ihr sozialer Rang hing weitgehend von dem Stand ab, für den sie arbeiteten.

Heute sind ehemals Unfreie oft reicher und haben eine bessere Schulbildung als ihre Herren. Die Schmiede werden durch den weltweiten Export ihrer Waren wirtschaftlich unabhängig. Durch Tuaregrebellionen in Mali und im Niger in den neunziger Jahren wurden die Standesunterschiede zeitweise aufgehoben und alte Wertvorstellungen verändert. Mischehen zwischen unterschiedlichen Ständen sind zunehmend möglich. Eine Gesellschaftsordnung im Umbruch.

Zehn Jahre und viele Reisen sind seit meiner ersten Begegnung mit der Sahara vergangen. Dreimal fuhr ich von Deutschland aus mit dem Auto Richtung Süden. Später nahm ich das Flugzeug nach Niamey, der Hauptstadt der Republik Niger, oder nach Tamanrasset, der südlichsten Stadt Algeriens. Und immer empfand ich grenzenlose Dankbarkeit, sobald ich den Boden der Sahara betrat. Nur Ruhe und ein ferner Horizont. Keine Straße, die einem ihren Willen aufzwingen könnte. Nur Sand, Geröll und hohe Felsen. Eine Landschaft, in der Wasser größten Luxus bedeutet. Eine Landschaft, in der Zukunft und Vergangenheit im zähen Kampf stehen und die Zeit anhalten. Eine Landschaft, in der nur freie Menschen überleben können. Und als ‚imouhar' oder ‚imajeghan', freie Menschen, bezeichnen sich alle Tuareg in Abgrenzung zu anderen Völkern.

Tuareg des Hoggar- und Aïr-Gebirges schenkten mir ihre Gastfreundschaft, ihr Vertrauen und viele ihrer zahllosen Sprichwörter, Lieder und Legenden. Sie sind mit mir gereist, haben stolz ihre Welt präsentiert, mich in ihre Familien aufgenommen und wurden nie müde, europäische Neugier afrikanisch zu beantworten. Diese Welt möchte ich zeigen, einige ihrer vielen Gesichter.

Je mehr ich mich – viel zu schlecht und viel zu schnell – mit der Geschichte Nordafrikas befasse, um so deutlicher sehe ich, dass meine Idee richtig war: Der Boden Afrikas frißt und verdaut alles, was ihm feindlich ist. Vielleicht ist er das Gelobte Land, aus dem eines Tages das Licht entspringen wird, um die Welt zu erneuern.

Isabelle Eberhardt

Du ziehst die Blicke aller an. Doch keiner wagt es, dich zu berühren
Deine Erscheinung gleicht der unendlichen Weite des Sandes.
Eine Weite, in der ich meinen Samen ablegen möchte. Deine Augen
beherbergen dunkle Wälder. Dort möchte ich nach Wildheit jagen.
Deine wohlgeformten Worte sind nicht für jeden bestimmt.
Deine Spuren bleiben frisch. Selbst der Wind kann sie nicht verwehen.
Warte, meine Freundin. Ich komme zu dir zurück.

Lied der Tuareg des Aïr

Die Karthager erkannten als Erste die Vorteile eines Bündnisses mit den Völkern der Sahara. Vom Nigerfluss und aus dem Sudan wurden regelmäßig Elefantenzähne, Gold, Edelsteine, Straußenfedern und seltene Duftstoffe durch libysche Karawanen über dreitausend Kilometer Richtung Norden zur Küste gebracht. Durch mit den Garamanten abgeschlosse Schutzverträge erhielten die Karthager das Monopol im Karawanenverkehr. Reisende zahlten Wegegeld. Später hielten die Tuareg diesen Brauch bis ins 20. Jahrhundert aufrecht und erinnern auch heute noch gelegentlich daran.

Ihren Namen bekamen die Tuareg von ihren arabischen Nachbarn. Er bedeutet „von Gott verlassen‘, „von Gott verstoßen“ und findet weltweit Verwendung. Daneben existiert eine Herleitung von ‚targa‘, dem Berberwort für den Fezzan, der als eines der Herkunftsgebiete mehrerer Tuaregstämme angesehen wird. Die Tuareg selbst benützen ihn in ihrer Sprache – ‚tamaschek‘ – nicht, sondern bezeichnen sich als ‚kel tugulmust‘ – die Menschen, die den indigofarbenen Schleier tragen –, als ‚kel tamaschek‘ – die Menschen, die ‚tamaschek‘ sprechen – oder als ‚imouhar, imajeghan‘ – freie Menschen.

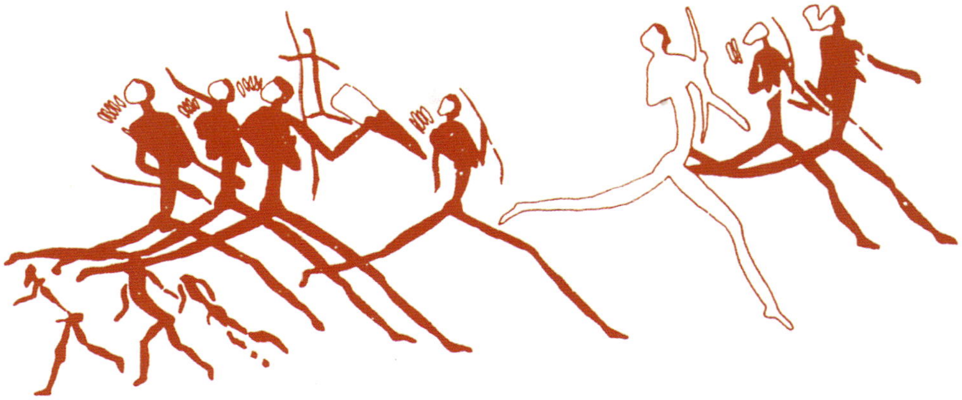

,Tam tam' oder ,tindi' heißen die kleinen Feste der Tuareg in Agadez. Die Frauen bilden einen Kreis. Eine gibt mit einer Trommel den Takt vor. Die anderen singen, trällern und klatschen. Sofort drängen Tänzerinnen in den Kreis und tanzen, bis andere ihren Platz beanspruchen. Manchmal tanzen die Frauen, manchmal die Männer und nur selten beide Geschlechter zusammen.

Wer das Gute nicht vom Bösen unterscheiden kann, ist kein Mann.

Sprichwort der Tuareg

Und dennoch liebten wir die Wüste.
Zuerst ist sie nur Leere und Schweigen, denn sie gibt sich nicht zu Liebschaften von einem Tag her.

Antoine de Saint-Exupéry

Mein frisch angetrauter Ehemann, höre auf die Worte meiner Schwiegermutter und respektiere alles, was sie sagt. Behandle mich gut und gib mir Schutz. Lass mich nicht zu lange allein. Lege unser Lager in die Nähe eines Brunnens, dass ich das Wasser nicht von allzuweit her schleppen muss. Gib mir nicht täglich ein abgemessenes Maß Hirse vom Markt, sondern kaufe große Säcke im Süden.

Lied der Tuareg des Aïr

Eine Wolke zieht sich zusammen, und der Regen fällt. Die Menschen leben.
Die Wolke löst sich auf, ohne Regen zu spenden. Menschen und Tiere sterben.

Wilfred Thesiger

Als das weiße Kamel und sein Herr davonzogen, sagte ich der Liebe Lebewohl. Sie ruht wie ein zusammengefaltetes Gewand tief in meinem Herzen. Diesem Herzen, das meine Liebe schon so lange beherbergt, versprach ich: „Weder Kohle noch Indigo noch alles andere, was meine Schönheit betont, soll mich schmücken, bis der Gefährte meiner Liebe zu mir zurückkehrt."

Ezeiouel Agg Ag Serada

Die Kraft und die Ruhe der Dinge, die endlos zu währen scheinen, weil sie ihren Weg zum Nichts sanft, ohne Lärm, ohne Empörung, ohne Unruhe vollenden, weil sie dem unvermeidlichen Tod ohne einen Schauer entgegengehen.

Isabelle Eberhardt

Gute Freunde begleiten einen Bräutigam am ersten Tag der Hochzeit zur Hennazeremonie. Am Platz angekommen, setzt er sich, mit gesenktem Blick und eng von seinen Freunden umringt, auf eine Bastmatte. Drei alte Frauen reiben erst seine Füße, dann seine Hände und schließlich eine Hand des rechts von ihm sitzenden Freundes mit dickflüssiger grüner Hennapaste ein, die Stunden zuvor an einem anderen Ort schon für Hände und Füße der Braut angerührt worden war. Die Ehe gilt damit als geschlossen. Der Bräutigam wird heute die erste Nacht allein mit seiner Braut verbringen.

Für die Grübler in den Städten ist der Drang in die Öde stets unwiderstehlich gewesen, wohl nicht, weil sie dort Gott fanden, sondern weil sie in der Einsamkeit mit größerer Klarheit die lebendige Stimme hörten, die sie in sich trugen.

T. E. Lawrence

Ihr tiefer, sanfter Gesang schwillt gleichmäßig an, wird immer heftiger und endet mit lauten Gewehrschüssen aus mächtigen Vorderladern, beginnt dann wieder leise und langsam. Stundenlang. Meditative, religiöse Lieder. Bewegung mit kleinen Schritten. Im Kreis, vor und zurück, zum Rhythmus der Musik – der Tanz der ‚iseggaren' zu Ehren des verstorbenen heiligen Mannes Moulay Sidi Louafi. ‚Iseggaren' oder ‚haratin' werden die arabischen Landarbeiter genannt, die Mitte des 19. Jahrhunderts aus den Oasen Tidikelt und Touat freiwillig zu den Tuareg des Hoggar kamen.

‚Tekerakit' nennt sich das stark ausgeprägte Schamgefühl der Tuareg, an das ein jeder durch die feste moralische Wertvorstellung ‚aschek' gebunden ist. So sind dem höchsten Stand, an dem sich alle anderen orientieren, Ideale wie Mut, Ausdauer, Schönheit, Eleganz, Gleichmut, Bescheidenheit, Großzügigkeit, Redegewandtheit, Schlagfertigkeit, Intelligenz und Wissen vorgeschrieben. Werden diese Regeln nicht befolgt, so können soziale Sanktionen in Kraft treten.

In der echten Wüste können nicht einmal Schakale überleben. Dort finden sich nur die Mendesantilopen und der Fennek, die Gott schuf, um den Menschen an seine eigenen beschränkten Fähigkeiten zu erinnern.

Sidati Ag Sheik

Tausendfach bezeugen vom Sand abgeschliffene Autowracks und liegen gelassene Ersatzteile menschliches Versagen. Mangelnde Vorsorge für Wasser und Benzin, ungünstige Streckenwahl, eine winzige Fehleinschätzung der Pistenbeschaffenheit oder Naturgewalten wie Regengüsse und Sandstürme können eine Reise abrupt beenden. Es gibt kein „vielleicht". Nur ja oder nein.

Die Frauen wechseln sich in der Rolle der Vorsängerin ab. Eine beginnt mit dem Lied. Der Rest bildet den Chor. Nacheinander tanzen die Männer vor, zeigen ihr Können mit gewagten Sprüngen und schnellen Schrittfolgen. Herausragende Tänzer werden mit lautem Trällern angefeuert und bejubelt. Auf diese „Juh-Juhs" der Frauen warten alle Männer.

Gott – könnte ich doch leben, bis ich das Regenwasser wieder über die Erde rinnen sehe, bis die Herden wieder durch die Täler ziehen, um dort zu weiden und satt zu ruhen, und bis die Ho-Hoo-Rufe der Männer zum Klang der Geige wieder ertönen. Jetzt herrscht die Zeit der Trauer und Mutlosigkeit. Die guten weißen Stoffe und die dunkelroten Ledergürtel liegen zusammengefaltet. Sie sind nutzlos geworden. Niemand ist da, um sie zu tragen. Nicht das Schwert hat ihren Besitzer getötet: Er bleibt regungslos in seinem Zelt, weil er vor Hunger stirbt.

Sassa-Oult-ou-Kachcha

Die Europäer halten bis heute an ihrem Mythos von den Männern der Wüste fest. Sie haben sich ein Bild geschaffen und nähren damit ihre Fantasie. Man könnte sagen, dass sie die Tuareg unter denselben Bedingungen wie vom Aussterben bedrohte Tierarten schützen wollen, um ihren Traum von uns weiterzuträumen. Aber wir lebenden Tuareg sind als Menschen für unsere Familien und die Zukunft unserer Kinder verantwortlich. Wir müssen der Realität ins Auge sehen. Wir müssen uns anpassen. Und wir müssen vor allem unsere Würde bewahren.

Hawad

1352 wurde eine große Karawane, unter deren Schutz der arabische Historiker und Gelehrte Ibn Batuta auf dem Rückweg von einem Besuch beim Sultan des Aïr reiste, von Tuaregkriegern überfallen. Es herrschte Fastenzeit – Ramadan. Die Zeit des Friedens. So begnügte sich der Anführer der Tuareg mit Stoffen, Salz und dreißig Sklavinnen. Ibn Batuta notierte abends in sein Reisetagebuch: „Unter dem Schutz des Ramadan durchquerten wir die Vorgebirge des Hoggar-Landes. Wenig Pflanzenwuchs, viele Steine, ein beschwerlicher Weg."

Die Frauen empfinden weder Scham in Anwesenheit von Männern, noch verschleiern sie ihre Gesichter. Trotzdem vergessen sie nicht, regelmäßig ihre Gebete zu sprechen. Jeder, der sie heiraten will, kann das ohne Schwierigkeit… In diesem Land haben die Frauen Freunde unter Männern, die nicht zur Familie gehören. Die Männer haben ebenfalls Freundinnen, die nicht zur Familie gehören. Es kommt oft vor, dass ein Mann, der nach Hause kommt, seine Frau im Gespräch mit einem Freund antrifft. Er hat aber nichts dagegen und macht kein Aufhebens davon.

Ibn Batuta

Mann und Frau

Ein reicher Tuareg nahm sich trotz der Warnungen seiner Freunde eine wunderschöne Peul zur Frau. Er gab ihr alles, was sie wünschte – feine Kleider, schweren Schmuck und viele Diener. Sie lebten glücklich in einer großen Stadt. Eines Tages um die Mittagszeit kam der reiche Tuareg unverhofft von einer Handelsreise zurück. Seine Frau lag mit einem Fremden im Schlafgemach. Er tötete den Eindringling mit einem Schwerthieb und fragte seine Frau: „Warum? Ich habe dir alles gegeben." Sie antwortete: „Es waren seine Augen. Ich konnte nicht anders. Wir Peulfrauen sind so. Wir müssen den Männern folgen, wenn sie uns auf eine gewisse Art ansehen." Daraufhin tötete der reiche Tuareg seine Frau und beschloss, fortan allein zu leben, sich nie wieder der Untreue einer Frau auszusetzen.

Die Jahre vergingen. Die Geschäfte liefen gut. Der reiche Tuareg wurde noch reicher, aber nicht glücklich, und war oft einsam. Es gab nur einen Ort, an dem er sich wohl fühlte: weit draußen bei einem armen Freund, der mit seiner Familie, drei Eseln, ein paar Schafen und Ziegen in den einsamen, sandigen Tälern des Aïr-Gebirges lebte. Jedes Jahr, kurz nach der Regenzeit, besuchte ihn der reiche Tuareg. Er brachte mehrere Sack Hirse, Zucker, Kautabak und Tee als Gastgeschenk. Man setzte sich auf einen bunten Teppich unter eine schattige Akazie, trank Tee und aß einfache Speisen. Geschichten und Rätsel wurden erzählt und gestellt, Gedichte und Lieder rezitiert und gesungen.

Dort erblickte der reiche Tuareg ein kleines, wunderschönes Mädchen, eine Tochter seines Gastgebers. Er schlug ihm vor: „Gib sie mir doch zur Frau, wenn sie alt genug ist. Ich will sie immer gut behandeln." Der Angesprochene konnte die Bitte nicht abschlagen und versprach es. Sieben lange Jahre baute der reiche Tuareg an einem prachtvollen Haus mit unzähligen Zimmern, die sich um einen großen Innenhof mit Springbrunnen, Palmen, Granatapfel- und Zitronenbäumen reihten. Die glatten Außenmauern des Hauses maßen zehn Meter. Nur die Vögel überwanden sie. Wenige Fenster zeigten nach draußen. Sie waren hoch angebracht und mit feinen Gittern verschlossen. Keine Katze konnte sich hindurchzwängen. Eine einzige Tür, zu der es nur einen einzigen Schlüssel gab, führte vom Haus in die Außenwelt.

Das Mädchen war zu einer wunderschönen jungen Frau herangewachsen. Der reiche Tuareg heiratete sie im Lager seines Freundes. Nach sieben Festtagen brachte er sie in die große Stadt und zeigte ihr ihr neues Heim. Sie war begeistert, lief durch die vielen Räume und staunte, dass aus merkwürdigen Rohren, die in der Wand verankert waren, kühles Wasser floss. Sie kannte nur den alltäglichen beschwerlichen Gang mit Eseln zum Brunnen. Taralt, die junge Ehefrau, war glücklich.

Jeden Morgen verließ der reiche Tuareg das Haus, verschloss die einzige Tür zur Außenwelt und steckte den Schlüssel in die Tasche seines Übergewandes. Unterdessen kochte Taralt köstliche Speisen. War sie damit fertig, legte sie sich unter eine der schattenspendenden Palmen im Innenhof und sah den Vögeln bei ihrem Bad im Springbrunnen zu.

Stand die Sonne im Zenit, kam der reiche Tuareg zurück, aß und vergnügte sich mit seiner Frau. Am Nachmittag verließ er erneut das Haus und ging seinen Geschäften nach, bis er eine Stunde nach Sonnenuntergang zurückkam. Tag für Tag schaffte er alles heran, was Taralt verlangte. Seien es Vorräte für die Küche oder neue Gewänder. Manchmal überraschte er sie mit einem prächtigen Schmuckstück oder einer fremdartigen süßen Frucht. Wenn Taralt nach der Außenwelt fragte, antwortete er: „Die Welt da draußen ist schlecht."

Die Ehe blieb kinderlos. Nach einigen Jahren erschienen Taralt die langen Vor- und Nachmittage allein im Haus sehr lang. Sie bat ihren Mann um Gesellschaft: „Vielleicht findest du ein junges Mädchen, das bei mir leben mag. Es soll ihr an nichts fehlen. Ich werde sie wie eine Tochter behandeln." Der reiche Tuareg sah, dass ihre Bitte nicht unverschämt war, und versprach, sich darum zu kümmern. Er liebte seine Frau und wollte, dass sie glücklich war.

Einige Tage später betrat er gegen Abend mit einem jungen Mädchen an der Hand das Haus. Taralt war überglücklich. Die beiden Frauen wurden schnell Freundinnen und tauschten ihre Geheimnisse aus. Das junge Mädchen erzählte von ihrer Familie, den Schmieden. Sie erzählte von der Stadt. Sie beschieb die Welt da draußen, den Markt, die Gerüche, die Feste, Lachen und Weinen ...

Taralt dachte nun immer öfter an diese Welt, die ihr verschlossen war. Ein Jahr später sagte sie zu dem jungen Mädchen: „Wenn mein Mann heute Mittag bei mir liegt, nimmst du den Schlüssel aus der rechten Tasche seines Obergewandes, verlässt leise das Haus, läufst zu den Schmieden und lässt einen zweiten anfertigen."

Taralt verführte ihren Mann. Während die beiden ruhten, stahl das junge Mädchen den Schlüssel, verließ das Haus und rannte zu ihrer Familie, den Schmieden. Schnell war ein Abdruck in Wachs gemacht. Ein Bruder versprach, den Schlüssel am nächsten Nachmittag zu bringen, sobald der reiche Tuareg das Haus verlassen hatte. Geschwind lief das junge Mädchen zurück. Kaum hatte sie den Schlüssel wieder in der großen Tasche des Obergewandes versenkt und sich aus dem Zimmer geschlichen, da erschien der reiche Tuareg, um sich anzukleiden. Er hatte nichts bemerkt und verließ kurz darauf das Haus. Taralt strahlte über die gelungene Tat und vor Vorfreude auf den nächsten Tag.

Endlich hielt sie den Schlüssel in Händen. Der Bruder des jungen Mädchens hatte ihn, wie versprochen, abgegeben. Die beiden Frauen versteckten sich unter weiten, dunklen Tüchern und verließen das Haus. Taralt war begeistert. Was für eine bunte, laute Welt! Immer wieder blieb sie stehen, um die vielen Menschen zu betrachten. Kurz vor Sonnenuntergang schlichen sie ins Haus zurück. Das Abendessen musste vor der Rückkehr des reichen Tuaregs bereitet werden.

Tage und Monate vergingen. Jeden Nachmittag verließen die beiden Frauen das Haus und kamen kurz vor Sonnenuntergang zurück. Der reiche Tuareg schöpfte keinen Verdacht. Die Streifzüge der unter den dunklen Tüchern verborgenen Ausreißerinnen erstreckten sich immer weiter. Bald kannte Taralt jeden Winkel der Stadt. Eines Tages sah sie einen fremden Mann, der ihr gefiel. Sie bat ihn, sie am nächsten Nachmittag zu besuchen.

Von diesem Nachmittag an verließ das junge Mädchen allein das Haus und kam kurz vor Sonnenuntergang zurück. Taralt vergnügte sich mit dem Fremden. Sie liebte ihn nicht wie ihren Ehemann, aber sie wollte sich für die vielen Stunden ihrer Gefangenschaft rächen.

Eines Tages kam der reiche Tuareg schlecht gelaunt nach Hause: „Man hat einen Mann in mein Haus gehen sehen." Taralt erstarrte, verbarg es jedoch geschickt hinter einem lauten Lachen: „Wie soll das möglich sein? Nur du besitzt einen Schlüssel und schließt uns immer ein." Der reiche Tuareg sah sie an: „Ich kann Frauen nicht vertrauen. Morgen nachmittag werden wir zum Heiligen Mann in den Bergen aufbrechen. Vor ihm wirst du auf den Koran schwören, dass dich außer mir nie ein anderer Mann berührt hat." Taralt willigte ein. Sie konnte die lange Nacht vor Angst kaum schlafen.

Endlich verließ der reiche Tuareg am nächsten Morgen das Haus. Sofort schickte Taralt das junge Mädchen los, um den Fremden auf der Stelle zu holen. Taralt berichtete ihm von dem Verdacht ihres Mannes. Der Fremde bekam Angst. Die ganze Stadt wusste, dass der reiche Tuareg schon einmal einen Liebhaber getötet hatte. Und lügen konnte Taralt nicht, wenn sie auf den Koran schwören musste. Was sollte er tun? Taralt beruhigte ihn: „Besorg dir einen Esel und eine spitze Nadel. Brich damit sofort zum Heiligen Mann in den Bergen auf. Auf der Hälfte des Weges wartest du und kommst uns entgegen, sobald du uns siehst. Ich werde einen Schwächeanfall vortäuschen. Mein Mann wird dich rufen, damit dein Esel mich weiterträgt. Sobald ich meinen Gesichtsschal zurechtrücke, stichst du den Esel fest mit der Nadel in die Seite. Dann bockt er, ich falle herunter, und du fängst mich auf." Der Fremde versprach, Taralts Anweisungen zu folgen.

Kurz nach Mittag verließ das Ehepaar die Stadt. Sie wanderten und wanderten in Richtung Norden, auf die Berge zu. Plötzlich brach Taralt zusammen. „Mir ist so schlecht. Ich bin müde. Seit Jahren bin ich nicht mehr gelaufen." Der reiche Tuareg ärgerte sich, dass er nicht daran gedacht hatte, einen Esel mitzunehmen. Doch da kam ihnen von ferne ein Mann mit einem Esel entgegen. Der reiche Tuareg hielt den Fremden an: „Ich gebe dir ein Goldstück, wenn meine Frau auf deinem Esel zum Heiligen Mann in den Bergen reiten kann." Der Fremde willigte ein. Taralt stieg auf. Der Fremde ging neben ihr, um den Esel ab und zu mit einem Stockschlag anzutreiben. Der reiche Tuareg ging hinterher. Taralt beobachtete ihren Mann. Als er sie einmal aus den Augen ließ, rückte sie den Gesichtsschal zurecht. Sofort stach der Fremde zu. Der Esel bockte. Taralt fiel. Der Fremde fing sie im letzten Moment in seinen starken Armen auf. Der reiche Tuareg bedankte sich überschwänglich für die Rettung seiner Frau: „Dafür sollst du später noch ein Goldstück bekommen."

Gegen Abend erreichte die kleine Karawane die Hütte des Heiligen Mannes in den Bergen. Der reiche Tuareg entlohnte den Fremden und trat mit seiner Frau in einen kleinen, schwach erleuchteten Raum. Der Heilige Mann saß auf dem Boden. Nachdem der reiche Tuareg sein Anliegen erklärt hatte, reichte der Heilige Mann Taralt den Koran: „Schwöre, dass dich nie ein anderer als dein eigener Mann berührt hat." Taralt schüttelte den Kopf: „Das kann ich nicht schwören." Der reiche Tuareg zuckte zusammen. Taralt fuhr fort: „Als auf dem Weg hierher der Esel bockte und ich herunterfiel, hat mich ein Fremder in seinen Armen aufgefangen." Der reiche Tuareg lächelte glücklich und erleichtert. Er bezahlte den Heiligen Mann.

Sie traten den Heimweg an. Die Nacht war gerade hereingebrochen. In Gedanken versunken liefen die beiden schweigend nebeneinander her. Nach einiger Zeit bat der reiche Tuareg seine Frau um Verzeihung. Sie blieb stehen, wandte sich ihm zu und schaute ihm in die Augen: „Nimm dein Messer, denn ich habe dich betrogen. Ich will lieber tot sein als deine Gefangene in dem schönen Haus. Dabei liebe ich dich von Herzen und habe nie einen anderen geliebt." Taralt erzählte ihm alles, schonte sich nicht und verschwieg keine Einzelheit. Als sie geendet hatte, war der reiche Tuareg den Tränen nahe: „Ich verstehe nun, welchen Fehler ich begangen habe. Man kann Vertrauen nicht erzwingen. Im Leben gibt es keine Sicherheit. Wenn du mich noch liebst, wird sich alles ändern. Ich werde dich niemals wieder einsperren."

So geschah es, und als wollte Gott sie belohnen, bekamen sie endlich Kinder.

Ich kann nicht hinsehen auf dieses Meer von Gipfeln und wildzerklüfteten Felsen, ohne Gott anzubeten. Es fällt mir schwer, meine Augen von diesem wunderbaren Anblick loszureißen, dessen Schönheit und Unendlichkeitsgepräge einen dem Schöpfer so nahe bringt, während seine Einsamkeit und Wildheit zugleich zeigen, wie allein man mit ihm ist und dass man lediglich ein Wassertropfen im Meer ist.

Charles de Foucauld

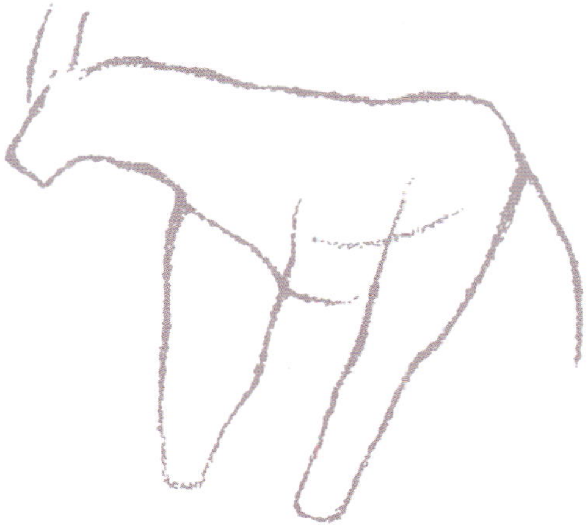

„Aman iman' – Wasser ist Leben", sagen die Tuareg.
Man antwortet: „Ach assuder' – Milch ist Nahrung".

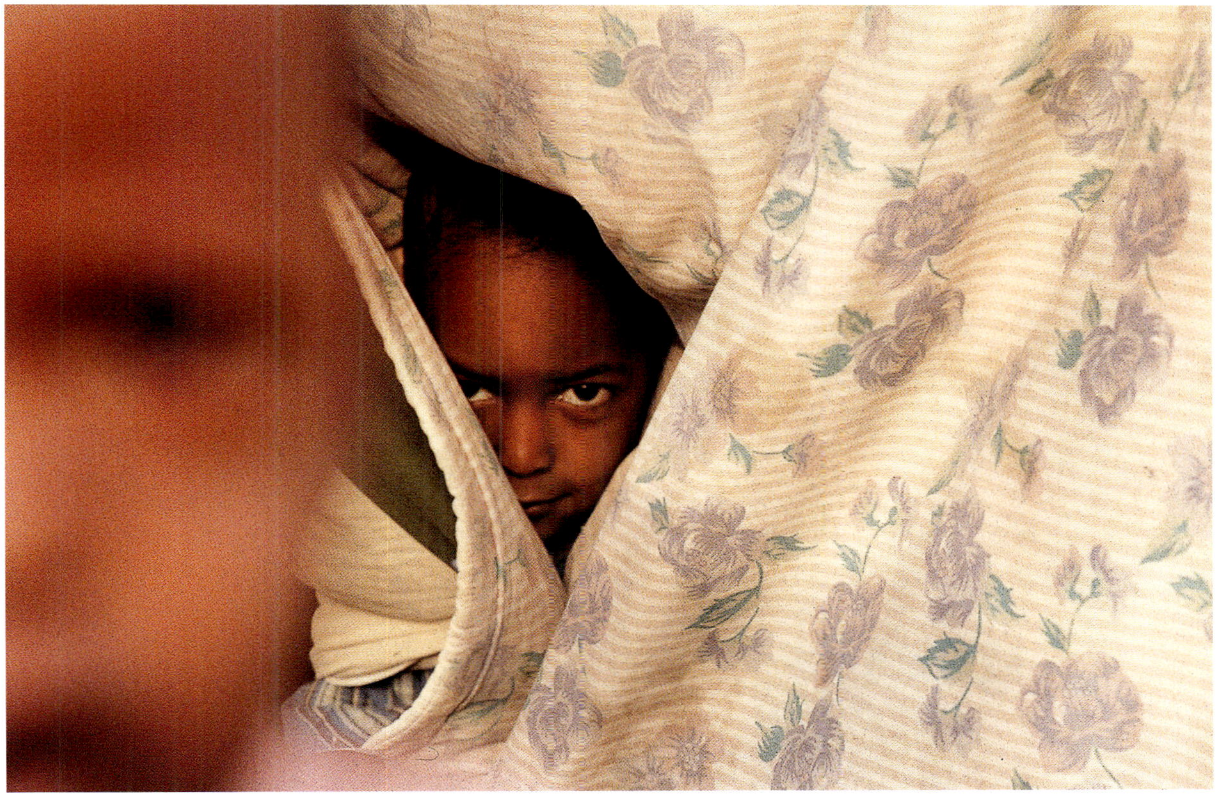

Kein Geräusch stört die anbrechende Nacht. Bald wandert ‚amenagh', Orion, mit seinem aus Sternen geschmiedeten Schwert über den Himmel. Später folgt ‚talumt', die Kamelstute, bei uns der Große Wagen, und weist den Karawanen im Süden den Weg. Unendlich viele funkelnde Brillanten schimmern im tiefen Schwarz. Sterne fallen. Man liegt im All. Die Nacht über der Wüste ist vollkommen. Nichts, was sich zwischen sie und den Menschen schiebt. Kein Smog und kein elektrisches Licht. So muss es vor langer Zeit in Europa gewesen sein.

Ich war traurig, weil ich keine silbernen Fingerringe besaß,
bis ich einen sah, der keine Finger hatte.

Sprichwort der Tuareg

Es ist notwendig, die Wüste zu durchqueren und in ihr zu sein, um Gottes Gnade zu empfangen. Dort findet eine Läuterung statt, ein Entledigen all dessen, was nicht Gott ist, eine vollständige Reinigung der Seele. So, als müsste man sich ganz und gar nur Gott zur Verfügung stellen… Die Hebräer wanderten durch die Wüste, Moses lebte dort, bis ihm die Zehn Gebote offenbart wurden, und der heilige Paulus von Damaskus wanderte durch Arabien.

Charles de Foucauld

Es gibt keinen Rauch ohne Feuer.

Sprichwort der Tuareg

Das Wort „nein“ gibt es kaum. Es wäre zu unhöflich, zu respektlos und könnte zu einer direkten Konfrontation führen, die den sozialen Frieden gefährden würde. ‚Tangalt‘ nennen die Tuareg ihre Art der indirekten Ablehnung oder höflichen Umschreibung. So bedeutet „Die Palmen hier spenden keinen Schatten. Die in der Ferne hingegen schon“ im Klartext: „Mein Herr gibt viel an Fremde. Wir, die ihm, wie ich, nahe stehen, bekommen jedoch nichts.“

Ich spreche die Wahrheit. Das möchte ich hier beweisen. Keine Lüge soll über meine Lippen kommen. Deshalb sage ich euch, dass ich den Mond gesehen habe. Einen Mond mit langen, dunklen Haaren.

Lied der Tuareg des Aïr

Der Legende nach lebten vor langer Zeit zwei junge Frauen bei Tazrouk im Hoggar-Gebirge allein mit ihren Herden. Eine war von edlem Geschlecht, die andere ihre Dienerin. Eines Tages kamen Räuber in das Gebiet. Die Frauen flohen zu einem mächtigen Tumulus. Die Räuber folgten ihnen. Da beteten sie zu Gott, er möge sie in Steine verwandeln. So geschah es. Die Räuber zogen ab, aber Gott erlöste die Frauen nicht aus ihrer selbst gewählten starren Form. Sie blieben Stein – weißer Granit und schwarzer Gneis. Und bis heute beten manche Tuareg bei den Steinen, dass Gott die beiden Frauen wieder zum Leben erwecken möge.

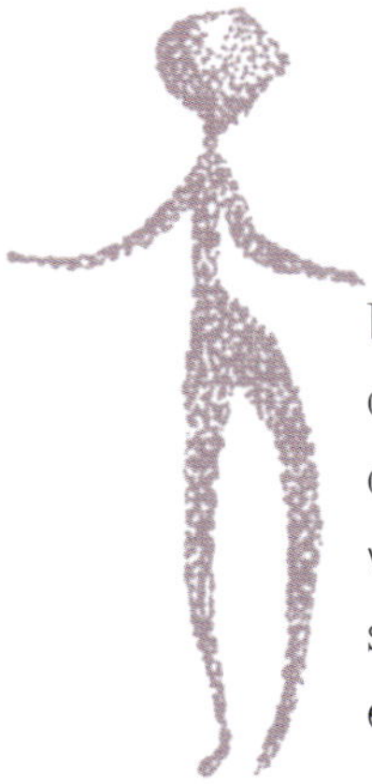

Drei alte Frauen begleiten den Bau einer Hochzeitshütte mit Gesang. Dort trifft sich das Brautpaar jede Nacht bis zum ersten Morgenlicht. Es sind die einzigen Stunden, die die beiden bis zum Ende der siebentägigen Hochzeit allein und unverschleiert verbringen. Vom Mann wird verlangt, dass er sich seiner Frau gegenüber in der ersten Nacht wie eine Mutter verhält, in der zweiten wie eine jüngere Schwester und erst in der dritten wie ein Ehemann.

Der Tag erhob sich und belebte die durchsichtigen, grenzenlos gleitenden rosa Töne. Die Morgenröte ist die auserkorene Stunde, die zauberhafteste Stunde der Sahara. Um diese Zeit ist die Luft leicht und rein, eine kühle Brise rauscht durch das dichte Blattwerk der Palmen am Grunde der Oasen. Kein Wort vermöchte die einzigartige Verzauberung cieser Augenblicke im tiefen Frieden der treibenden Sande wiederzugeben. Wer die Wüste nicht mit eigenem Auge geschaut hat, kennt nicht alles, was die unsägliche irdische Schönheit eines Morgens sein kann.

Isabelle Eberhardt

Wer zwischen Eseln schläft, wird von ihnen gebissen oder getreten.

Sprichwort der Tuareg

Nach Einbruch der Dämmerung, wenn Mond und Sterne langsam ihr Licht auf die Erde werfen und die Nacht ankündigen, sind die Karawanen im Süden noch immer unterwegs. Schritt für Schritt. Sechzehn bis achtzehn Stunden. Jeden Tag. Keine einzige Rast. Nur in der größten Mittagshitze steigt der Karawanenführer auf sein Kamel und reitet einige Stunden lang bis zum späten Nachmittag. Tagsüber orientiert er sich an der Sonne, bei trübem Wetter an der Richtung der Sandrippen, die immer im gleichen Winkel gekreuzt werden. Nachts weisen die Sterne den Weg und zeigen den Zeitpunkt an, um das Nachtlager aufzuschlagen. Vom Karawanenführer hängt das Leben aller ab. Ein Fehler kann schnell den Tod bedeuten.

Juckt deine Hand, so triffst du einen Freund,
den du seit Jahren nicht gesehen hast.

Sprichwort der Tuareg

Kein Mensch kann in der Wüste leben und davon unberührt bleiben. Er wird fortan, wenn vielleicht auch kaum merklich, das Zeichen der Wüste, das Zeichen des Nomaden tragen; und er wird immer, je nach Veranlagung, leises oder brennendes Heimweh nach jenem Leben verspüren. Denn dieses unerbittliche Land übt einen Zauber aus, dem ein gemäßigtes Klima nichts entgegenzusetzen hat.

Wilfred Thesiger

Früher Nachmittag am siebten Tag nach der Geburt eines Kindes. Auf dem Boden steht ein mit Hirsekörnern gefülltes Emailletablett. In der Mitte liegt ein Stück Seife. Dahinter sitzt eine Frau mit dem Baby auf dem Schoß. Vorsichtig beginnt sie dessen feine Haare zu schneiden. Die abgeschnittenen Enden legt sie auf das Tablett. Die Mutter wird sie später, zusammen mit der Nabelschnur, verstecken. Nach zwei Jahren wird ein Schutzamulett für das Kind daraus gefertigt.

„Das eher kaltherzige Gemüt der von uns angeworbenen Chaamba-Soldaten wurde angesichts dieser lebensfeindlichen Natur sehr berührt. Wir begriffen jetzt, dass Menschen, die mit solchen Beschwernissen leben, stark und mutig sein müssen“, schrieb Leutnant Cottenest, unter dessen Kommando am 7. März 1902 eine Reiterschwadron die Tuareg des Hoggar in der Schlacht bei Tit schlug. Jeder französische Soldat war mit einem Lebel-Gewehr und 120 Kartuschen Munition ausgerüstet. 130 automatische Gewehre gegen Lanzen, Schwerter und Wurfspeere. Das letzte Hindernis auf dem Weg nach Süden war beseitigt. Nordafrika wurde mit den äquatorialen Besitzungen verbunden.

Ich sage es euch Frauen, die ihr Verstand habt. Und auch euch, die ihr eure Lippen mit Indigo blau schminkt. Ameissera sah einen harten Kampf. Scharfe Wurfspeere und Schwerter, die gegen die Gewehre der Heiden schnell aus der Scheide fuhren. Ich stürmte gegen die Feinde und schlug mich wie rasend. Blut bedeckte mich wie ein Schleier. Es strömte über Schultern und Arme. Nichts, ihr Spielerinnen der Geige, kann man euch über Felsverstecke berichten, in die ich schmählich geflohen wäre! Bin ich nicht dreimal gefallen? Musste ich mich nicht dreimal wieder erheben? Hat man mich nicht auf ein Kamel geladen und mit Stricken im Sattel festgebunden? Bei meinen Wunden, ihr Frauen, seht mich nicht als ehrlos an. Niederlagen verzeiht man. Unehre nie! Wisst – selbst gegen den heiligen Propheten trugen einst Heiden den Sieg davon.

Sidi Ag Chebbab über die Schlacht von Tit

Das edle und elegante weiße Reitkamel folgt dem kleinsten Impuls seines Reiters. Es tanzt beim ‚illogan', dem Tanz der Kamele, zum Rhythmus von Trommeln und Gesang in engem Kreis um eine am Boden kauernde Frauengruppe und gibt beim Rennen, schnell und wendig, sein Letztes. Es ähnelt in nichts den widerstandsfähigen Karawanentieren, die im Aïr-Gebirge gezüchtet werden und die bis zu vier Zentner Last durch die Wüste tragen. Jeder Tuareg kennt die Spuren seiner Kamele, die sich frei in der Landschaft bewegen, sehr genau. Er sieht ihnen an, von wann sie stammen, und kann daran ablesen, wie alt das Tier ist, ob es krank oder gesund ist, woher es stammt, wie schnell es sich vorwärts bewegt und ob es einen Reiter oder eine Last trägt.

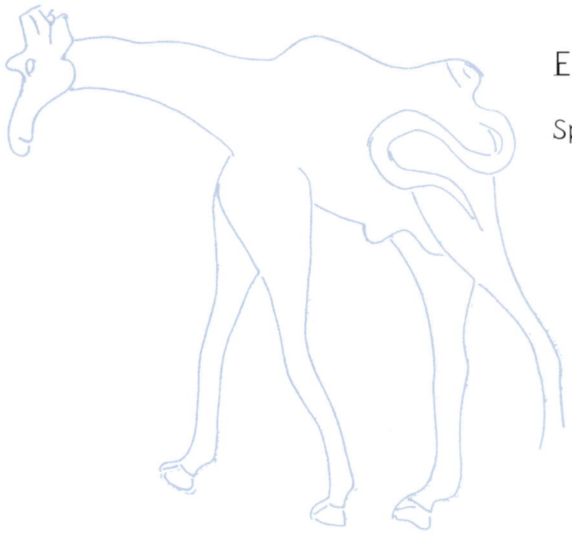

Entfernt eure Zelte und bringt eure Herzen zueinander.

Sprichwort der Tuareg

Die Spuren von gestern verwischt der Wind von heute.

Sprichwort der Tuareg

Das alte Afrika ist erwacht. Es ist erwacht, um in seiner altertümlichen Herrlichkeit zu sterben. Aber ein neues wird erstehen. Unsere Aufgabe wird es sein, dem jüngsten der Erdteile und der jugendstark heranwachsenden Kultur der schwarzen Völker Achtung zu gewähren. Das alte Afrika kann uns verkünden, was wir von dem jungen zu erwarten haben.

Leo Frobenius

Schakal und Hase

Ein Schakal und ein Hase arbeiteten auf einem großen Weizenfeld. Die Gewinnverteilung hatte der Schakal vorgegeben: vier Teile für ihn und einen für den Hasen. „Abwarten", dachte der Hase und versteckte während der Erntezeit einen Hund zwischen den Weizensäcken. Kurz darauf kam der Schakal und bemerkte ein Hundeohr, als er seinen Gewinn abschätzen wollte. „Ich habe verstanden, Hase. Der Hund würde mich fressen, wenn ich mich ihm nähere. Du sollst, so wie ich, vier Teile bekommen." – „Nein, es ist gut, wie es ist. Vier Teile für dich und einen für mich", antwortete der Hase und hieß den Hund gehen.

Am Ende der Ernte luden die beiden ihre Weizensäcke auf kleine, kräftige Esel und machten sich bei Einbruch der Nacht auf den Weg zum Markt. Der Hase dirigierte die Esel mit leichten Stockhieben. Plötzlich sagte der Hase: „Schakal, ich habe meinen Stock verloren. Könntest du ihn mir bitte suchen, sonst kann ich die Esel unmöglich zum Weitergehen bewegen." Der Schakal lief den Weg zurück. Im Schutz der Dunkelheit vertauschte der Hase die Ladungen. Seine Weizensäcke hatte er im Garten gelassen und stattdessen Sandsäcke aufgeladen. Als der Schakal zurückkam, standen die Esel bereits zum Weitermarsch bereit.

Nach einigen Stunden begegneten sie einer Kuh, die der Schakal sofort tötete und zerlegte. „Was für gutes Fleisch", sagte er. „Teil du es auf, Hase." – „Aber lieber Schakal, damit kenne ich mich nicht aus. Mach du es doch bitte."

Während der Schakal zwei Säcke für das Fleisch suchte, stahl der Hase die besten Stücke und versteckte sie. Der Schakal bemerkte den frechen Raub und beschimpfte den Hasen. Der kletterte sofort auf eine hohe Akazie. Der Schakal versuchte ihm zu folgen. Aber immer wieder rutschte er ab und gab schließlich auf. „Komm herunter, Hase, damit wir das Problem gemeinsam lösen." – „Nein", antwortete der Hase. „Lass uns erst etwas essen, damit du dich wieder beruhigst. Mach ein Feuer unter dem Baum und brate das Fleisch."

Dem Schakal gefiel der Vorschlag. Er machte sich an die Arbeit. Nun sagte der Hase: „Schakal, hier oben weht ein wunderbar kühles Lüftchen. Binde dir ein Seil um den Hals, dann ziehe ich dich hoch. Da unten ist es doch sehr heiß." Der Schakal suchte ein Seil, band es sich um und warf ein Ende zum Hasen hinauf. Der zog an dem Seil, und der Schakal hob sich in die Luft. „Du tust mir weh, Hase. Ich ersticke. Lass mich wieder herunter." Der Hase ließ das Seil nach. Der Schakal hing dicht über dem Feuer. „Hase, jetzt werde ich gebraten", jaulte der Schakal. Geschwind zog der Hase das Seil wieder an. Das Spiel dauerte eine ganze Weile, bis der Schakal halb erwürgt, halb gebraten, leblos in der Luft hing.

List zählt mehr als Gewalt.

Schakal und Löwe

Der Löwe und der Schakal waren gute Freunde. Sie jagten jeden Tag gemeinsam. Eines Tages sagte der Schakal zum Löwen: „Wenn du Lust hast, könnten wir ein Spiel spielen.“ – „Was für ein Spiel?“, fragte der Löwe. „Pass auf“, antwortete der Schakal. „Wir erlegen beide eine unserer Art gemäße Beute. Du ein Rind, ich ein Zicklein. Aus der Haut der Beute macht jeder ein Seil, mit dem ihn der andere an einer Akazie festbindet. Derjenige, der sein Seil zuerst zerreißt, ist der Stärkere.“ Da lachte der Löwe. „Gut. Das Spiel gefällt mir.“

Bald waren die Beutetiere getötet, die Haut abgezogen und die Seile gedreht. Der Schakal ließ sich zuerst festbinden. Beim ersten Versuch zerriss das Seil. Jetzt war der Löwe an der Reihe, aber die kräftige Haut des Rindes wollte nicht zerreißen, so fest er auch anzog. Der Schakal lachte und verschwand.

Einige Tage später näherte sich ein Trupp Termiten der Akazie. Verzweifelt und geschwächt hing der Löwe am Baum gefesselt. Eine Termite stellte sich vor den Löwen. „Würdest du unser Freund, wenn wir dich befreien?“ – „Natürlich! Und eines Tages werde ich euch eure gute Tat vergelten. Das verspreche ich“, antwortete der Löwe hoffnungsvoll. Sogleich gingen die Termiten ans Werk. Sie zerbissen das Seil, und bald war der Löwe befreit. Er bedankte sich bei seinen Rettern.

Schnell kam dem Schakal zu Ohren, dass der Löwe wieder in Freiheit war und ihn suchte. Er sammelte alle Vogelfedern, die er finden konnte, nähte daraus Hemd und Hose und zog beides an. Er besorgte sich eine Trommel, setzte sich auf einen hohen Termitenhügel und begann zu spielen: Duum, duum, duum …

Bald kamen alle Tiere angerannt. „Erkennt ihr mich?“, fragte der Schakal. „Nein“, ertönte es rundum. „Ich bin der Gott der Tiere und der Menschen. Habt ihr gehört?“, sprach der Schakal. „So ist es“, antworteten die Tiere. Der Schakal blickte sich suchend um. „Wo ist der Löwe?“ Zitternd schlich der Löwe vor den Schakal. „Hier bin ich.“ Der Schakal blickte dem Löwen fest in die Augen. „Mir ist zu Ohren gekommen, dass du den Schakal suchst, um ihn zu töten.“ – „Nein, das stimmt nicht“, rechtfertigte sich der Löwe. „Solltest du ihm auch nur ein Haar krümmen, werde ich dir den Kopf zerschmettern“, verkündete der Schakal. Er wandte sich an die versammelten Tiere: „So, und nun entfernt euch.“ Alle Tiere machten sich eilends davon. Endlich allein, entledigte sich der Schakal seines Federkleides.

Am nächsten Tag trafen sich der Schakal und der Löwe. Der Löwe begrüßte den ehemaligen Freund: „Wenn ich nicht an den Gott der Tiere und der Menschen glauben würde, würde ich dir jetzt sofort den Kopf zerschmettern.“ Da lachte der Schakal.

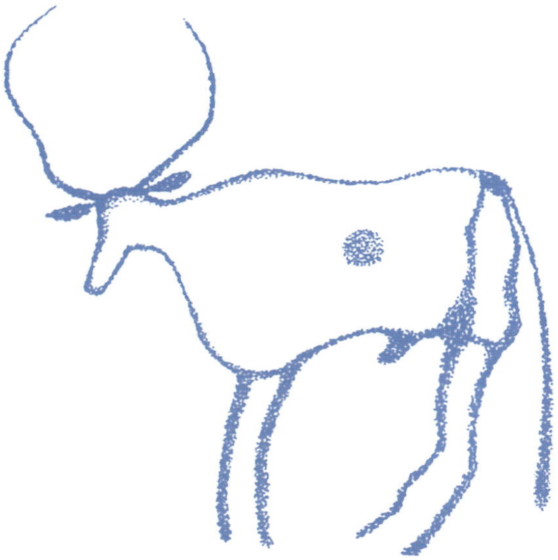

O du, der du vor meinem Grab stehst,
wundere dich nicht über mein Los.
Es gab eine Zeit, da war ich wie du.
Doch es kommt die Zeit, da wirst du
sein wie ich.

Klagelied aus der Sahara

Die zwei islamischen Feiertage heißen ‚tafaski'. Zur Erinnerung an Abrahams Opfer schächtet jede Familie, die es sich leisten kann, an einem von den Korangelehrten festgelegten Tag, der sich nach dem islamischen Mondkalender richtet, einen Schafbock. Am ersten Tag werden nur die Innereien gegessen, am zweiten das Fleisch. Ein Teil des Opfers geht als Spende an die Armen.

Auf der Glut des Feuers kocht bittersüßer grüner Tee. Drei Gläser werden dem Gast gereicht: das erste so bitter wie die Wahrheit, das zweite so stark wie die Liebe und das dritte so süß wie der Tod.

„Ihr habt den Eiffelturm, aber wir haben den Illeman..." – die Worte eines jungen Tuaregs, der Paris besucht hatte. Die Legende berichtet, dass der Illeman einst an der Grenze zu Mali stand. Als ihm zu Ohren kam, dass die Bergschönheit Tahat den Hoggar verlassen wolle, da sie sich einsam fühlte, riss er sich mit aller Wucht aus der Erde, hinterließ einen riesigen Krater und setzte sich neben Tahat. Seit dieser Zeit sind die beiden ein Paar und verkörpern für die Nomaden die Kraft der Liebe.

In der brütenden Hitze über den endlosen Dünen zieht die Welt sich zusammen und grenzt sich ein. Sie ist ein Käfig aus Hitze und Blut. Sie geht nicht über meinen Körper hinaus. Aber wenn weit weg ein Esel schreit, gewinnen die Wüste, die Dünen, der Himmel ihre Ferne zurück. Und sie ist unendlich.

Albert Camus

Die Kel Ahaggar tragen einen Schleier vor dem Mund, den sie ‚tugulmust' nennen. Erblicken sie eine Frau, so wird dieser Schleier bis zu den Augen hinaufgezogen. Das machen die Tuareg von jeher so. Ein Mann, der sein Gesicht vor einer Frau enthüllt, lädt große Schande auf sich. So als zöge er die Hosen aus. Ein Mann, selbst wenn er am Verdursten ist, trinkt nicht vor den Augen seines Schwiegervaters. Junge Männer trinken nicht vor den Eltern junger Mädchen, denen sie den Hof machen. Das wäre genauso schlimm, wie ein Dieb zu sein.

Charles de Foucauld

Ein Land der Illusionen, der Spiegelungen, der Visionen und Phantome, ein Land voller Unwirklichkeit und Geheimnis, ein Land der noch ungebrochenen Erinnerungen an die ozeanischen Ursprünge des Planeten, an dessen Oberfläche schon die Wunden der Zersetzung, vorzeitige Geschwülste und Krebsbildungen aufbrechen… Wer weiß?

Isabelle Eberhardt

„Friede sei mit dir." – „Und mit dir Friede." – „Was gibt es Neues?" – „Nur Gutes." – „Was macht die Müdigkeit?" – „Keine Müdigkeit" – „Ist die Hitze erträglich?" – „Es ist heiß." – „Wie geht es zu Hause?" – „Danke, gut." – „Wie geht es der Familie?" – „Danke, gut." – „Wie geht es den Kindern?" – „Danke, gut." – „Ist jemand krank?" – „Danke, nein." – „Geht es gut?" – „Es geht gut." – „Gott sei Dank." – Eine alltägliche Begrüßung.

Cakia-Mouni blieb viele Jahre in der Wüste, unbeweglich, die Augen zum Himmel erhoben. Selbst die Götter beneideten diese Weisheit und dieses steinerne Los. In seinen ausgestreckten, steif gewordenen Händen nisteten die Schwalben. Eines Tages flogen sie weg und kehrten nicht mehr wieder. Er, der Verlangen und Willen, Ruhm und Schmerz in sich abgetötet hatte, er begann zu weinen. So sprießen die Blumen aus Steinen.

Albert Camus

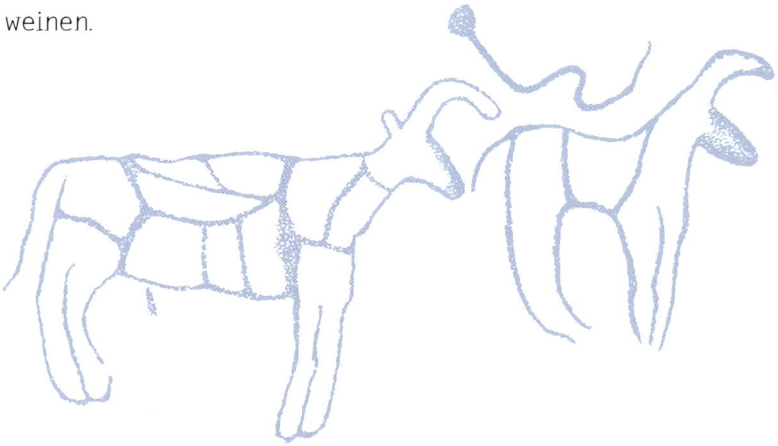

Gegen Abend legt ein junger Mann seine schönsten Kleider an. Der Turban wird tadellos gewickelt. Wann er sein Lager verlässt, hängt von der Entfernung zum Lager seiner Angebeteten ab. Dort trifft er gegen Mitternacht ein und ruft das Mädchen leise aus der Hütte der Eltern. Gefällt er ihr, kommt sie zu ihm. Sie setzen sich in den Sand, betrachten die Sterne...

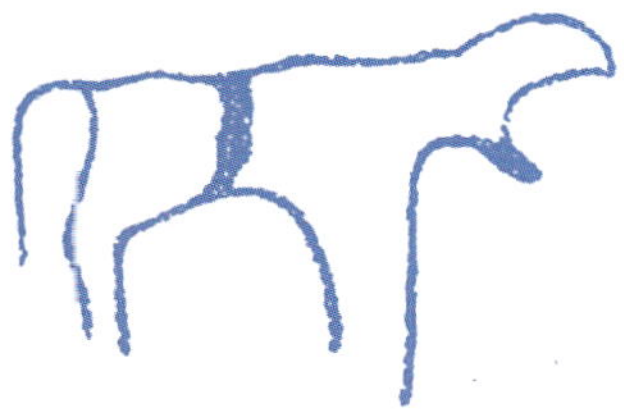

Schweigen bedeutet das Gegenteil von Vergessen und Kälte.
Im Schweigen lebt man am glühendsten.
Oft ersticken Lärm und Worte das innere Feuer.

Charles de Foucauld

Die Schönheit einer Frau stellt die Sonne in den Schatten. Sie schimmert wie das Licht des Mondes. Ihr Auge gleicht dem der Gazelle. Wie soll man ihren Duft beschreiben?

Lied der Tuareg des Hoggar

Griots, Geschichten erzählende Musiker, besingen das baldige Erscheinen des Sultans von Agadez und erinnern an die vergangenen Heldentaten der Herrscherfamilie. Bevor Radio und Fernsehen ihren Siegeszug antraten, verkündeten die Griots den Menschen, woher sie kamen und mit wem sie verwandt waren. Sie sind das lebendige Gedächtnis ihrer Umgebung.

So gibt es auf den verlassenen Straßen des Südens lange Stunden ohne Traurigkeit, ohne Langeweile, unbestimmt und erholsam, in denen man vom Schweigen leben kann.

Isabelle Eberhardt

Lebe, als wäre jeder Tag dein letzter, und behandle Familie und Freunde, als würdest du unendlich leben.

Sprichwort der Tuareg

Eine Braut darf während der sieben Tage dauernden Hochzeit weder ihr Gesicht noch ihren Körper zeigen. Sie bleibt unter einer langen, weißen Stoffbahn versteckt. Auch der Bräutigam verbirgt sich bis auf einen winzigen Augenschlitz hinter einem mächtigen Turban, über den oft zusätzlich ein großes Tuch gelegt wird.

Wenn man Wasser findet, hört man auf, mit Sand zu waschen.

Sprichwort der Tuareg

Vor Sonnenaufgang, am siebten Tag nach der Geburt eines Kindes, durchschneidet der Marabout nach den Worten „Gott ist groß“ mit einem Schnitt die nach Mekka gerichtete Kehle eines Schafbocks und ruft laut zum ersten Mal den Namen des Neugeborenen. Die versammelten Männer antworten: „Gott beschütze dieses Kind.“ Mit diesem Ritual erkennt der Mann seine Vaterschaft an. Die Anwesenden sind Zeugen. Sie sollen darüber wachen, dass der Vater sein Kind gut behandelt. Aus dem Haus erklingt wildes, freudiges Trällern. Der Name des Kindes ist bei der Frauen angekommen, die nun den Schafbock ausnehmen und zubereiten. Ein Teil des Fleisches wird an die Armen verteilt.

Alle Reichtümer der Welt wohnten in einem Sandkorn, das unter den Gestirnen verloren schien.

Antoine de Saint-Exupéry

Du kannst mich schlagen, Vater, aber ich werde meine Liebe zu ihr niemals aufgeben. Vater, du hast mir immer gesagt, dass du mich liebst. Was der, den man liebt, liebt, ist auch dem anderen teuer. Du hast meine Mutter geliebt, so wie ich jetzt sie liebe. Schlafe ich, so erscheint sie im Traum. Laufe ich, so läuft sie einer Statue gleich vor mir her. Schweige ich, so spreche ich mit ihr. Ich sage es noch einmal, Vater, sie ist die Erfüllung meines Lebens.

Roubeid Alojaly

Amenokal Amamellen und Elyez

Zu jener Zeit, als die Menschen, die heute ‚kel erouh' genannt werden, die hohen Berge des Hoggar bevölkerten, lebte dort ein berühmter ‚amenokal', ein Herrscher. Amenokal Amamellen war ein mächtiger Mann. Respektiert und gefürchtet. Sein ungeheurer Reichtum, seine Klugheit und seine Stärke wurden in den Liedern der Tuareg vielfach besungen. Unzählige Sklaven und Diener kümmerten sich um die riesigen Viehherden – Kamele, Pferde, Esel, Schafe und Ziegen. Lange Karawanen zogen in seinem Auftrag nach Norden und Süden, um Handel zu treiben. Wer als Fremder in das Land des Amenokal kam, musste Schutzzoll entrichten, sonst riskierte er Ware und Leben. Denn zu jener Zeit gab es kein geschriebenes Gesetz. Der Amenokal bestimmte vielfach über das Schicksal der Menschen.

Amenokal Amamellen besaß eine geheimnisvolle Gabe, die ihm keine Ruhe ließ. Zu Beginn ritzte er Abbilder von allen ihm bekannten Tieren in harte, vom Sand glatt geschliffene Felsen – Gazellen, Mufflons, Strauße, Wüstenfüchse, Pferde und Kamele ... Später erlernte er die Kunst des Farbenmischens und begann zu malen: leuchtendes Rot, strahlendes Weiß, Ocker und Braun in allen Nuancen auf grauem und schwarzem Stein. Später wurden die Bilder der Tiere lebendig. Kein Mensch konnte an ihnen vorübergehen, ohne innezuhalten.

Amenokal Amamellen unternahm oft weite Reisen. Dabei begleitete ihn meist sein Neffe Elyez. Elyez war der älteste Sohn seiner Schwester und hatte, bedingt durch die weibliche Erbfolge, gute Aussichten, einmal seine Nachfolge anzutreten. Elyez war ein kluger und mutiger Junge, der durch den Einfluss des Onkels früh die Welt außerhalb der Nomadenlager kennen lernte. Der Amenokal war stolz auf den Neffen und förderte dessen wachen Geist, unterwies ihn in der Kunst des Handels wie auch in der Malerei. Nach einigen Jahren übertrafen die Felsbilder von Elyez die des Onkels an Ausdruck und Detail, und auch im Handel bewies er eine glückliche Hand.

Elyez war sehr stark. Man erzählte sich, dass er einmal im Tal beim Berg Tefekir Ziegen beobachtete, die ihre Jungen säugten. Doch eigentlich sollten um diese Stunde am späten Nachmittag die Kinder des Lagers die Milch der Tiere trinken. Da wurde Elyez wütend und schlug mit dem Schwert die Spitze eines Felsens ab, um seine Gefühle unter Kontrolle zu bringen. Bis heute liegt der Steinbrocken im Tal von Adenak.

Die Tuareg des Hoggar begannen sich über die Klugheit und ungewöhnlichen Begabungen des jungen Elyez zu unterhalten. Er wurde zum Tagesgespräch an den nächtlichen Lagerfeuern, wo Männer, Frauen und Kinder beisammensaßen. Die Lieder und Gedichte über Amenokal Amamellen wurden weniger, bis sie fast in Vergessenheit gerieten.

Anfangs wollte der Herrscher den großen Erfolg seines Neffen bei den Menschen nicht wahrhaben, aber im Laufe der Zeit drangen Neid und Eifersucht in sein Herz. Tropfen um Tropfen, langsam und stetig, bis Amenokal Amamellen ganz von ihrem Gift beherrscht wurde und ihm die ‚kel essuf', die Geister der Scheinwelt, eine furchtbare Idee einflüstern konnten: Elyez müsste sterben. Tag und Nacht sann der Herrscher nun wie besessen darüber nach, wie er den zur Bedrohung gewordenen Neffen beseitigen könnte, ohne seinen makellosen Ruf zu gefährden.

Eines Tages rief Amenokal Amamellen einen ihm treu ergebenen, nicht sehr klugen Diener zu sich, der jeden Befehl aufs Wort und ohne nachzufragen ausführen würde. Diesem trug er auf, seine Kamelherden, zusammen mit Elyez, in ein Tal weit im Süden zu führen: „Erinnerst du dich an das grüne Tal am schwarzen Berg, wo ich einst die Gazelle gejagt habe, deren Horn ich dir gab?" Der Diener nickte. „Das Tal liegt weit abseits aller Karawanenwege." – „So ist es", bestätigte Amamellen. „Dort wächst zur Zeit herrlich saftiges Gras für meine Kamele." Er befahl dem Diener, Elyez nichts von der gut versteckt liegenden Quelle zu verraten: „Sonst ergeht es deiner Familie schlecht." Der Diener versprach es.

Am Morgen des nächsten Tages, lange vor Sonnenaufgang, zogen der Diener und Elyez in Richtung Süden. Mit ihnen viele, sehr viele Kamele. Zum Schutz der Tiere waren beide mit Schwertern, langen Eisenlanzen und Schilden bewaffnet. Zu beiden Seiten ihrer Reitkamele hingen prall mit Wasser gefüllte Gerbas aus Ziegenfell. Nach einigen Stunden verließen sie den Karawanenpfad und zogen durch unberührten Sand. Elyez fragte: „Wo liegt die nächste Wasserstelle." Der Diener lächelte. „Bevor unsere Vorräte zu Neige gehen, finden wir einen Brunnen." Fünf Tage später waren die Wasservorräte fast aufgebraucht. In der Ferne auf einer endlos flachen Hochebene lag einsam ein riesiger schwarzer Berg. „Unser Ziel", sagte der Diener.

Am Mittag des nächsten Tages erreichten sie ein Tal mit unzähligen grünen Akazien und einem ausgedehnten Teppich aus Gras am Fuß des Berges. Genau so hatte Amenokal Amamellen die Stelle beschrieben. Sie breiteten ihre bunten Schlafteppiche unter zwei Schatten spendende Akazien im Sand aus, befreiten die Kamele von Lasten und Stricken und ließen sie laufen.

Die Hitze war unerträglich, das Wasser aufgebraucht. Elyez hatte großen Durst. Er befahl dem Diener, Wasser zu holen. „Hier gibt es kein Wasser. Wir haben den letzten Brunnen vor Tagen passiert." – „Warum haben wir dort kein Wasser geholt?", empörte sich Elyez. „Du hast es mir nicht befohlen“, entgegnete der Diener unterwürfig. Da schrie Elyez ihn wütend an: „Mach dich sofort auf den Weg und hole uns Wasser!“ Der Diener zuckte mit den Achseln: „Das ist unmöglich. Die Kamele sind zu erschöpft. Sie müssen erst einmal ein paar Tage fressen, bevor sie die Strecke noch einmal zurücklegen können.“ Vor lauter Durst hatte sich Elyez zu einem Wutausbruch hinreißen lassen. Natürlich hatte der Diener Recht. Doch bei dieser Hitze konnte ein Mensch nicht länger als zwei bis drei Tage überleben. Er musste einen Ausweg finden.

Der Abend des nächsten Tages kündigte sich an. Schnell ging die Sonne unter. Elyez konnte sich kaum noch bewegen. Der Mangel an Wasser hatte seinen kräftigen Körper ausgezehrt. Schwach lag er im Schatten der Akazien. All seine Gedanken kreisten um Wasser. Elyez fand keinen Ausweg aus der bitteren Lage. Die Kamele grasten friedlich im Tal. Im Gegensatz zum Menschen können sie lange Zeit ohne Trinkwasser auskommen, wenn sie ‚aloued‘, eine prall mit Flüssigkeit gefüllte Pflanze, finden.

Ein neuer Morgen brach an. Bald löste erbarmungslose Hitze die erfrischende Nachtkühle ab. Elyez war völlig erschöpft und fiel wiederholt in unruhigen Schlaf mit wilden Träumen. In einer kurzen Wachphase streifte sein Blick den Diener, der einige Fußfesseln der Kamele reparierte und voller Kraft schien. Elyez begann sich zu wundern, denn auch die Gerbas des Dieners waren leer. Er musste aber heimlich getrunken haben. Was war hier los? Elyez wurde misstrauisch. Der Diener konnte nur nachts getrunken haben. Tagsüber hatte er ihn meist im Blick gehabt. Es musste eine geheime Wasserstelle geben, da er alles Gepäck mehrmals durchsucht hatte. Warum verhielt sich der Diener so? Was steckte dahinter? Elyez beschloss, dem Diener, sobald er schlief, Kamelbutter auf die Sandalensohlen zu streichen. Er schöpfte frischen Mut.

Gedacht, getan. Nach erfolgter Tat schlich Elyez zu seinem Teppich zurück und stellte sich schlafend, während er den Diener aus den Augenwinkeln beobachtete. Endlich, lange nach Mitternacht, stand dieser leise auf und ging hinaus ins Tal. Seine dunkle Silhouette bewegte sich langsam im Zickzack von Stein zu Stein und hinterließ keine verräterische Spur im Sand. Bald verschluckte ihn die mondlose, schwarze Nacht. Kaum dreißig Minuten später war der Diener wieder da, legte sich auf sein Lager und schlief sofort ein. Das Wasser musste ganz in der Nähe sein. Elyez wartete. Er konnte der Spur erst bei Tagesanbruch folgen.

Im mattblauen Licht der ersten Morgendämmerung brach er leise auf. Das Fett der Kamelbutter glänzte dunkel auf einzelnen Steinen. Eilig und vorsichtig, so gut es seine schwachen Kräfte zuließen, folgte er ihnen. Elyez musste schneller sein als die Sonne, die die schwache Spur bald wegbrennen würde. Und er wollte zurück ins Lager, ehe der Diener erwachte. Die Fettflecke führten zum schwarzen Berg. Und bald entdeckte er, verborgen zwischen drei hohen Felsbrocken, eine kleine Quelle. Nur ein schmaler Spalt ermöglichte den Zugang. Hier konnte ein Mensch ein Leben lang vorbeigehen, ohne das Wasser zu bemerken. Klares, köstliches Nass. Er trank und trank und trank, bis sein Körper keine Flüssigkeit mehr aufnehmen wollte. Rasch kehrte er zum Lager zurück. Der Diener war noch nicht erwacht. Jetzt fiel Elyez in einen tiefen, traumlosen Schlaf.

Die Tage vergingen. Spät in der Nacht trank der Diener, früh am Morgen Elyez. Beide heimlich. Elyez stellte sich täglich erschöpft, während der Diener weiterhin wohlauf blieb. Manchmal wunderte der sich, dass Elyez, trotz offensichtlicher Schwäche, noch immer lebte.

Ein Monat verging, ohne dass Amenokal Amamellen eine Nachricht von seinem Diener erhielt. Von Tag zu Tag wurde er nervöser. Er hoffte inständig, dass beide tot seien. So gäbe es weder einen Konkurrenten um die Macht noch einen lästigen Zeugen. Er wäre wieder der alleinige Herrscher seines Landes.

Der Amenokal beschloss, die Angelegenheit selbst in die Hand zu nehmen, und befahl, ein prachtvolles weißes Reitkamel zu satteln. Die Menschen im Lager wunderten sich nicht, als ihr Herrscher allein in der Wüste verschwand. Tat er das doch allzuoft, um seine geheimnisvollen Tierbilder zu malen. Im grünen Tal am schwarzen Berg angekommen, fand Amenokal Amamellen seinen Neffen zwar erschöpft, aber sehr lebendig vor. Auch der Diener lebte. Elyez begrüßte den Onkel herzlich mit dem ihm gebührenden Respekt, ohne das Wasserproblem auch nur zu erwähnen. Der Onkel lobte den fantastischen Zustand seiner Kamele und dankte Elyez für deren gute Pflege.

Als er einen Moment mit dem Diener allein war, fragte er ihn, ob sein Neffe etwas getrunken habe. Der Diener verneinte. Die Sache war unheimlich. Wie konnte Elyez so lange überlebt haben? Kurz erwog er, sein Vorhaben fallen zu lassen, aber Neid und Eifersucht gewannen schnell die Oberhand, und er ersann eine neue List. „Jetzt weiß ich, dass ich dir immer vertrauen kann", sagte er zu seinem Neffen. „Deshalb möchte ich dich bitten, zu dem Brunnen im Norden zu reiten, wo ich hundert Pferde und Esel zurückgelassen habe. Die Reise dauert etwa eine Woche. Fülle bitte am Brunnen alle hundert Gerbas und bringe sie auf den Tieren zu unserem Lager. Einige Wassersäcke wirst du reparieren müssen. Ich treibe unterdessen mit dem Diener die Kamele zurück. Im Lager sehen wir uns wieder." Elyez bedankte sich für das Vertrauen, verlor kein Wort über seine leeren Gerbas, sattelte sein Kamel und machte sich, mit Schwert, Lanze und Schild bewaffnet, auf den Weg.

Außer Sichtweite hielt er an, ließ sein Kamel niederknien und wartete im Schatten einer Akazie auf die Nacht. Während der langen Tage im grünen Tal und dem Versteckspiel mit dem Diener war ihm bewusst geworden, dass nur der Onkel seinen Tod wünschen konnte. Der Diener hätte von sich aus nie so gehandelt und es sich auch von keinem anderen befehlen lassen.

Im Schutz der Nacht schlich Elyez zur Wasserstelle zurück, füllte seine Gerbas und machte sich eilig auf den Weg zum Brunnen. Nur weg vom grünen Tal am schwarzen Berg! Dort hatte ihn der Mensch, dem er blind vertraute, betrogen. Während Elyez allein nach Norden ritt, wurde ihm klar, weshalb der Onkel ihn zum Brunnen geschickt hatte. In jenem Teil des Landes war es in der Vergangenheit häufig zu Überfällen gekommen. Viele Tiere waren gestohlen, einige Hirten getötet worden. Es sollte keine Zeugen geben. Sein Onkel hatte einen wahrhaft teuflischen Plan ausgeheckt. Würde der Durst Elyez nicht umbringen, dann eben die Räuber. Ihnen würde er kaum entgehen, da das Reparieren und Füllen der hundert Gerbas viel Zeit in Anspruch nahm. Vielleicht bekämen sie auch einen Hinweis auf die gute Beute. Er traute dem Onkel inzwischen alles zu. Dieser würde nicht einmal einen Verlust erleiden. Er könnte seine gestohlene Herde später anhand der Brandzeichen im ganzen Land suchen lassen und zurückfordern. Es sei denn, die Herde war bereits gestohlen worden. Elyez wagte nicht darauf zu hoffen.

Er gönnte sich und seinem Kamel kaum Ruhepausen und schaffte die Strecke zum Brunnen in vier statt in sieben Tagen. Er würde das Tier später schonen und für den Ritt zum Lager das beste Pferd seines Onkels nehmen.

Die Herde weidete friedlich in der Nähe des Wassers. Die Räuber waren noch nicht da gewesen. Eine Hoffnung weniger. Elyez schuftete unermüdlich. Er suchte die Spuren der Tiere, trieb sie zusammen, reparierte die Gerbas, füllte sie und lud sie auf die Esel und einige Pferde.

Fünf Tage später, um Mitternacht, war Elyez zum Aufbruch bereit. Kaum hatte er seinen Schild am Sattel befestigt und wollte sich auf das Pferd schwingen, unterbrach das Geräusch rasch näher kommender Kamele den Frieden der Nacht. Mindestens sechs Reiter. Blitzschnell löste sich eine kleine Schar schwer bewaffneter und tief verschleierter Räuber aus dem Dunkel. Elyez sah, dass ein Kampf nur zu seinen Ungunsten ausfallen konnte.

Noch hatte man ihn nicht entdeckt. Eilig, das gesattelte Pferd am Zügel führend, schlich er zwischen die Tiere und versteckte sich in der Herde. Die Räuber konnten ihn unter den mit Wassersäcken beladenen Pferden und Eseln nicht ausmachen. Elyez presste seinen Körper an die rechte Flanke seines Reittieres, zog leise sein Schwert aus der Scheide und klopfte mit der eisernen Klinge an den Schild aus gehärtetem und mit Kupferornamenten verziertem Gazellenleder. Unheimliches Trommeln ertönte – dumpfe, tiefe Schläge, unterbrochen von metallisch hohen Tönen!

„Kel essuf' – Geister der Scheinwelt!", schrie einer der Räuber. „Sie müssen auch die Tiere beladen haben", rief ein anderer. „Sie werden uns folgen", klagte jämmerlich ein dritter. Alle flohen in heller Angst. Denn ein Tuareg weiß, dass man die ‚kel essuf' nicht ungestraft herausfordert. Wie viele Menschen hatten sie schon in Wahnsinn und Tod getrieben! Bald verschluckte der tiefe, weiche Sand den scharfen Galopp der flüchtenden Kamele. Nun sprang Elyez auf sein Pferd und machte sich mit der Herde eilig Richtung Norden davon.

Nach einigen Tagen erreichte er ein enges, sandiges Tal, das sich zwischen hohen Tafelbergen hindurchschlängelte. Das Lager des Onkels lag nur noch zwölf Stunden entfernt. Er träumte von frischen Kleidern, süßen Tee und dem Flirt mit schönen Frauen beim nächtlichen ‚ahal'. Amenokal Amamellen hatte er aus seinen Gedanken verbannt. Er würde beim Wiedersehen entscheiden, wie er sich verhalten sollte.

Plötzlich, kurz bevor er mit der Herde nach Westen abbiegen musste, entdeckte er hinter sich eine Staubwolke: näher kommende Reiter. Schon wieder Räuber! Sie mussten sich in dem unübersichtlichen östlichen Seitental, das er vor wenigen Minuten passiert hatte, versteckt gehalten haben. Fünf, sechs, sieben, acht auf langbeinigen, hellen Kamelen. Elyez trieb sein Pferd im scharfen Galopp vorwärts, verpasste die Abbiegung nach Westen. Die Herde folgte. Immer schneller und schneller. Lange würden die Tiere das Tempo nicht durchhalten. Noch waren die Kamele der Angreifer langsamer, aber am Ende wären sie jedem Pferd an Ausdauer überlegen. Schon fielen die Esel zurück. Der Ausgang des Tals wurde von einem hohen Tafelberg versperrt. Elyez hielt gerade darauf zu. Nirgendwo bot sich eine Möglichkeit zum Ausweichen. Kein Durchschlupf nach Westen oder Osten. Nur schroffer, hoher Fels. Elyez hetzte sein Pferd den steilen Tafelberg hinauf. Die Herde folgte in Panik. Die Angriffsschreie der Räuber wurden lauter und lauter. Einige Meter vor dem Gipfel hatten sie ihn fast eingeholt. Elyez zog sein Schwert und schlug mit aller Wucht einen riesigen Keil aus dem Berg. Donnernd rollte der Felsbrocken den Abhang im Norden hinunter. Der Weg war frei. Die Räuber hielten verunsichert an. Hatte man je einen solchen Hieb gesehen? Sie bekamen Angst, wähnten den mutigen Hirten mit den ‚kel essuf' im Bunde und sahen von weiterer Verfolgung ab. Bald blieb nur noch eine schnelle Staubwolke, die sich in Richtung Süden entfernte.

Elyez brachte sich und die Tiere über den Tafelberg in Sicherheit. Die Herde des Onkels war gerettet. Und am Ende auch sein Leben. Amenokal Amamellen zollte seinem Neffen endlich Respekt und verbannte Neid und Eifersucht aus seinem Herzen. Oft sah man die beiden gemeinsam in sich versunken an prachtvollen Felsmalereien arbeiten. Nie zuvor waren solche Tierbilder geschaffen worden. Elyez verriet dem Onkel mit keiner Silbe, dass er dessen Listen durchschaut hatte. Nach dem Tod des Amenokal Amamellen wurde er ein berühmter Herrscher der Tuareg des Hoggar. Der treue Diener aber schwieg bis an sein Lebensende.

Noch immer liegt der mächtige abgeschlagene Felsbrocken im Tal von Inzaouen, und nachts am Lagerfeuer lauschen die Kinder der Tuareg verzaubert der Geschichte von Amenokal Amamellen und Elyez. Der Tafelberg bekam den Namen ‚adrian', Zahnlücke, und ist heute das Wahrzeichen von Tamanrasset.

Mohamed und der Weg der Kamele von Acharad-Rad

Mohamed war der berühmteste Krieger im Iforas-Gebirge. Stark, klug und schön. Weit und breit gab es keinen prächtigeren Mann.

Eines Nachts wurden die Kamele der Iforas bei einem ‚rezzou', einem ehrenvollen Raubzug, von den mächtigen Kriegern des Hoggar gestohlen. Es dauerte nicht lange, da kam Mohamed der Raub zu Ohren. Er rief die Männer seiner Umgebung zusammen, und sie brachen sofort zur Verfolgung der Räuber auf. Einige im Lager spotteten: „Schaut euch diesen verrückten Mohamed an! Mit nur zehn Männern will er gegen die Übermacht des Hoggar antreten, um unsere Kamele zu befreien."

Im Hoggar angekommen, ließ Mohamed die Männer an einem zwischen Felsen versteckt liegenden Lagerplatz zurück und ritt allein in Richtung Osten. Er hatte sich prächtig gekleidet. Turban und Gewand entsprachen dem eitlen Stil der Männer des Hoggar. Keiner würde ihn als Bewohner des Iforas erkennen.

Mohamed sah eine Frau allein vor ihrem Zelt auf einem bunten Teppich sitzen. Bald kochte der Tee für den Gast auf dem Feuer und ‚ahal', der Flirt, begann. Ihr gefiel der fremde, schöne Mann. Mit keiner Geste und keinem Wort verriet Mohamed seine Herkunft, sondern sprach fließend im Dialekt des Hoggar. Bald hatte ihm die Frau alles über den Kamelraub verraten. Jetzt wusste er, wo die Tiere weideten.

Noch vor Sonnenaufgang verabschiedete sich Mohamed von seiner Gastgeberin, ritt zu seinen Männern und trieb sie zum Aufbruch an: „Beeilt euch, ich kenne das Versteck unserer Kamele!"

Kurz darauf jagte die kleine Schar Richtung Westen davon. Bald war der Weideplatz erreicht. Die überraschten Hirten wurden getötet. Mohamed befahl, die Kamele zusammenzutreiben und sofort den Heimweg ins Iforas-Gebirge anzutreten: „Man wird uns verfolgen!"

Lange bevor die Sonne ihren Zenit erreichte, kam den Männern des Hoggar der dreiste Rückraub der Kamele zu Ohren. Sie riefen den ‚amenokal', ihren Herrscher. Die Verfolgung begann. Der Amenokal ritt an der Spitze seiner Krieger. Keinem Mann war es erlaubt, ihn zu überholen oder, falls er im Kampf fallen sollte, weiterzukämpfen.

Mohamed hatte die Männer mit den Kamelen vorausgeschickt. Sein gutes Reittier hatte er gegen ein altes, müdes Kamel vertauscht, an dessen Bauch er, gut versteckt, mit einem Lederriemen seine Lanze festgebunden hatte. Statt guter Kleidung trug er jetzt ein zerschlissenes, verblichenes Gewand. Gesicht, Hals, Hände und Füße waren mit Holzkohle geschwärzt. Wie ein Sklave ritt Mohamed langsam den Weg zurück.

Wenig später sah er die Staubwolke der Verfolger in der Ferne. Sie bewegte sich schnell auf ihn zu. Viele stattliche Krieger mit langen Schwertern und spitzen Lanzen. Keiner der Krieger beachtete den Sklaven. So konnte sich Mohamed unbemerkt dem Amenokal nähern. Sobald er den Herrscher erreicht hatte, löste er blitzschnell die Lanze und durchbohrte das Herz des Feindes, ehe auch nur einer einschreiten konnte.

Der Amenokal war auf der Stelle tot. Die Krieger des Hoggar hoben den zu Boden gefallenen Körper wieder auf das prachtvolle weiße Kamel, befestigten ihn mit Seilen und kehrten um. Zurück zum Lager. Schnell und schweigend. Der Amenokal musste bestattet, ein neuer gewählt werden. Kampf war in dieser Zeit verboten.

So konnte Mohamed seinen Männern unbehelligt folgen und die zurückeroberten Kamele mit ihnen ins Iforas-Gebirge zurücktreiben. Das Gespött an den Lagerfeuern verstummte. Bald kannten alle, jeder Mann, jede Frau und jedes Kind, die Geschichte von Mohamed.

Der Weg, den die Kamele damals nahmen, existiert bis heute und wird „der Weg der Kamele von Acharad-Rad" genannt.

Diese Wüste beglückt mich zutiefst. Es ist ja so beglückend und so heilsam, sich im Angesicht der ewigen Dinge in die Einsamkeit zu begeben. Man spürt förmlich, wie einen die Wahrheit überschwemmt.

Charles de Foucauld

Der Brunnen liegt inmitten beiger Sanddünen, die von einem lichten Akazienhain durchsetzt sind. Sonst wächst nichts. Kamele, Rinder, Esel, Schafe, Ziegen und dazwischen überwiegend Frauen, die Wasser schöpfen, Tiere tränken und ihre schlaffen Gerbas füllen, bis sie, prall und rund, den kleinen Eseln um den Bauch gebunden werden. Kamele und Rinder werden von den Männern versorgt. Eine Frau würde sie nur in Ausnahmesituationen anrühren.

Was kann wohl anziehender sein als eine bedeutende Stadt, die einst an Größe Tunis gleichgestanden haben soll, mitten unter gesetzlosen, barbarischen Horden gelegen, an der Grenze der Wüste und der fruchtbaren Distrikte des fast unbekannten Inneren eines großen Kontinents, gegründet an einem solchen Platze von alters her?

Heinrich Barth

Wenn dein Nachbar dir feindlich gesonnen ist,
verlege den Eingang deines Zelts auf die andere Seite.

Sprichwort der Tuareg

Ich war nicht allein in der Wüste; sie war belebt von Stimmen,
von Erinnerungen und geflüsterten Mitteilungen.

Antoine de Saint-Exupéry

Gold galt als Metall des Teufels und war als Unglücksbringer gefürchtet. Seit einigen Jahren jedoch tragen, aufgrund des zunehmenden Einflusses der Haussa im Niger und der Araber in Algerien, viele Tuaregfrauen goldene Ketten und Münzen. Der alte, schwere Silberschmuck, der früher auch als Notgroschen für schwere Zeiten diente, verliert zunehmend an Bedeutung.

Als alle Menschen dieser Erde noch in einem Lager lebten, rannte eines Tages ein wildes Rind vorbei. Die Europäer und Asiaten sprangen, ohne nachzudenken, auf und hielten sich an den Hörnern fest. Auch die Araber rannten hinterher, bekamen aber nur noch den Schwanz zu fassen und ließen sich mitschleifen. Den Afrikanern blieb nichts anderes übrig, als den Spuren und dem Kot zu folgen. Die Nomaden kochten erst einmal Tee, um zu beraten, ob sie dem Rind, wenn es müde sei, folgen wollten.

Sicht eines Rebellen aus Agadez auf den Zustand der Welt

Ein Diener des Sultans am Eingang zum Palast von Agadez. Im 15. Jahrhundert baten die ewig zerstrittenen Tuareg den Sultan von Konstantinopel um einen Vermittler. Glaubt man der Legende, so schickte dieser eines seiner eigenen Kinder, den Sohn einer schwarzen Sklavin. Seither ist der Sultan von Agadez schwarz, also von anderer Herkunft als die hellhäutigen Tuareg und somit bei Streitigkeiten über jeglichen Verdacht der Parteilichkeit erhaben.

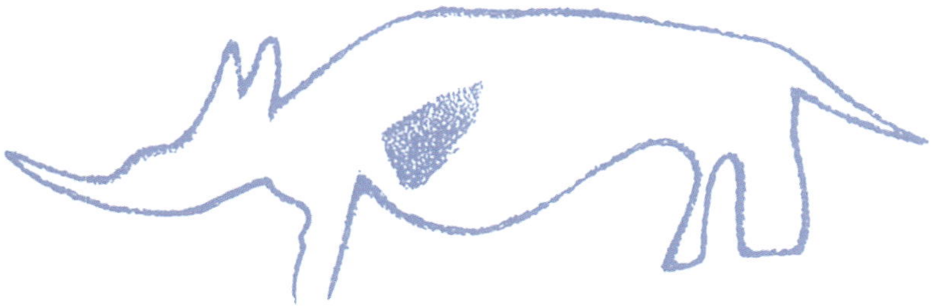

Andere Frauen mit einem schön geschnittenen, ausdrucksvollen Gesicht entfernen sich durch die zugleich schüchterne und wilde Sinnlichkeit ihres Blicks von der üblichen Schönheit und Koketterie; und unter dieser gewissermaßen natürlichen Scheinheiligkeit, die vielleicht der erste Ausdruck der Scham ist, erstrahlt plötzlich, wie ein Blick durch eine Maske, der unvermutete Glanz eines Lächelns, aus dem die Feurigkeit der Sinne ungehemmt hervorbricht.

Isabelle Eberhardt

Hinterlasse gute Taten. Sie werden dir vorauseilen.

Sprichwort der Tuareg

Höre den Wind.
Es ist die Sahara, die weint. Sie will wieder grün werden.

Lied aus dem Hoggar

Ein Mann, der sich verheiraten will, bezahlt den Brauteltern einen Brautpreis und stellt einen Koffer zusammen, der am ersten Tag der Hochzeit bei seiner Braut abgegeben wird: drei kleinere einfarbige oder bunte Kopftücher; drei echte Indigokopfschals zu je dreißig, vierzig und sechzig Ellen; drei festliche Blusen, eine schwarze und zwei weiße; vier bestickte Hüfttücher, zwei blaue, ein schwarzes und ein weißes; zwei bis drei gemusterte Baumwollstoffe; ein großes weißes Stoffstück mit roter Bordüre; drei Unterröcke; zwei Paar Ledersandalen; zwölf Stück Kernseife; zehn Stück gute Seife; fünf Flaschen Parfüm – Agadez 2000.

Gehe nicht hochmütig über die Erde.
Du kannst sie weder zerstören,
noch die Höhen der Berge erreichen.

Aus dem Koran

Als ich das Tal von Tineleft hinter mir ließ, fand ich ein Glück, das vollkommen gewesen wäre, wenn es angehalten hätte. Es war köstlich bis zu dem Tag, an dem es zu verderben begann. Jetzt, da das Glück zerbrochen ist, wünschte ich, es nie gekannt zu haben.

Elmoudessir Ag Metuk

Die Kultur wächst allein, ohne Mensch, ohne Volk. Und daher eben: Die Kultur ist ein Lebewesen. Nun hat aber die Kultur keine Beine. Sie macht es sich bequem und lässt sich vom Menschen tragen. Wo sie erscheint, muss der Mensch sie hingetragen haben. Daher sind die Wanderungen der Menschen und der Kulturen identisch. Da nun der Mensch nur sehr schwache Merkmale seiner Entwicklung am Körper trägt, die Kultur aber immer im Wesentlichen die Gleiche bleibt... bieten die Kulturformen die Dokumente, in denen wir die Geschichte der Menschheit, die Weltgeschichte, studieren können.

Leo Frobenius

Eine schöne Frau hat einen leicht gebräunten Teint, einen langen Hals und eine wohlgeformte, kleine Nase. Sie hat schmale, schwarze Augenbrauen, schöne, dunkle Augen, und ihre Lippen sind weder zu breit noch zu schmal. Sie hat blitzend weiße Zähne mit ein wenig abstehenden Schneidezähnen und dunkles Zahnfleisch. Ihre Taille ist schmal. Sie ist von mittlerer Statur: weder zu groß noch zu klein. Sie hat eine gerade Haltung und feingliedrige Finger. Ihre Haut ist weich und glänzt wie Seide. Wenn sie spricht, so sagt sie die Dinge in angenehmer Weise. Wenn du sie berührst, berührst du etwas Vollkommenes. Sie hat weiche Rundungen an den Flanken und gerade Beine. Ihre geflochtenen Zöpfe fallen bis zu den Brüsten. Die Brüste sind prall aufgerichtet und klein. Ihr Gang ist gemesser.

Charles de Foucauld

Ohne ein Gleichgewicht der Kräfte erübrigt sich der Kampf.

Sprichwort der Tuareg

Frauen arbeiten an hölzernen Mörsern.
Sie stampfen täglich Hirse,
das Hauptnahrungsmittel der Tuareg des Aïr.
Morgens, mittags und abends.

und weil einem in der wüste nichts gehört, gehört einem alles.

otl aicher

Ich habe das ganze Jahr 1912 hier in diesem Dorf Tamanrasset verbracht. Die Tuareg sind mir eine sehr trostreiche Gesellschaft. Ich kann gar nicht sagen, wie gut sie mir tun und wie viele aufrechte Seelen ich unter ihnen finde. Ein oder zwei von ihnen sind wahre Freunde, ein so seltenes und so wertvolles Geschenk.

Charles de Foucauld

Ouanes und Tanes

Zwei Frauen heirateten zwei Brüder. Stattliche Männer, die zu den besten Kamelreitern und Kriegern ihres Stammes zählten. Die Frauen gebaren im gleichen Jahr ein Kind. Eine den Sohn Ouanes. Die andere die Tochter Tanes.

Eines Tages verließen die Brüder das Lager, um an einem ‚rezzou', einem ehrenvollen Raubzug, gegen einen Nachbarstamm teilzunehmen. Sie kehrten nie wieder zurück. Die beiden Witwen erzogen ihre Kinder gemeinsam. Seite an Seite. Ouanes und Tanes trennten sich nie. Als sie erwachsen wurden, verliebten sie sich.

Tanes war wunderschön. Viele Männer hielten um ihre Hand an. Eines Tages verlangte der Stamm ihrer Mutter, sie solle einen der Ihren heiraten. Die Mutter verweigerte dies. Sie hatte nur das Glück ihrer Tochter im Sinn und wusste, dass Tanes für Ouanes bestimmt war.

Der Anführer von Tanes' Stamm war so erzürnt über die ungebührliche Zurückweisung, dass er das Mädchen überfiel, als es mit den Kamelen am Brunnen weilte. Die Kamele des Stammes von Ouanes hatten den Ort gerade verlassen.

Tanes wurde mit festen Stricken um die Handgelenke an die Schwänze zweier Kamele gefesselt. Dann trieb man die Tiere in entgegengesetzte Richtungen auseinander. Der Körper des jungen Mädchens sollte zerreißen. Aber Tanes dachte nur an ihre starke Liebe zu Ouanes. Und es geschah ein Wunder. So sehr die Kamele auch angetrieben wurden, sie konnten sich nicht von der Stelle bewegen. Die Kraft des Mädchens hielt sie zurück. Da ließ man Tanes frei, und sie heiratete Ouanes.

Die Liebe ist stärker als der Tod.

Vier Brüder

Ein armer Mann verliebte sich in eine arme Frau. Sie heirateten und ihre Verbindung wurde mit vier Söhnen gesegnet. Der erste war sehr intelligent. Der zweite war sehr schön. Der dritte war sehr schnell. Der vierte war sehr stark.

Als die vier Brüder herangewachsen waren, brachen sie zu Fuß auf, um in der Ferne Glück und Reichtum zu suchen. In Timbuktu angekommen, boten sie dem ‚amenokal', dem Herrscher, ihre Arbeitskraft an. Er nahm sie in seine Dienste.

Eines Tages erblickte die ‚tamenokalat', die Frau des Herrschers, den Schönen und verliebte sich auf der Stelle. Jetzt schickte sie jeden Abend nach Sonnenuntergang zwei gebratene Schafskeulen zu den Brüdern, die das üppige Essen in vollen Zügen genossen.

Einmal jedoch war nur eine Schafskeule gebraten, die andere roh. Der Schöne fragte Aine, seinen intelligenten Bruder, was das zu bedeuten habe. „Das ist ganz einfach", antwortete Aine. „Die Tamenokalat möchte dich heute Nacht sehen. Sie schickt dir die rohe Keule, damit der Löwe, der sie bewacht, dich nicht frisst."

Der Schöne verschwand und kam am nächsten Morgen glücklich und wohlbehalten zurück. Abends schickte die Tamenokalat zwei gebratene Keulen. Aine sagte zum Schönen: „Sie lässt dir damit ausrichten, dass ihr Mann heute Nacht bei ihr weilt." Der Schöne wollte nichts davon hören. Er war zu verliebt, nahm eine der gebratenen Keulen und machte sich auf.

Der Löwe verschlang gierig das Fleisch. Der Schöne betrat das Schlafgemach. Tamenokalats Ehemann war anwesend. Der Amenokal warf sich wütend auf den Schönen und fesselte ihn mit einem Seil. Doch der Schöne konnte sich befreien und rannte hinaus in die dunkle Nacht. Nur ein Stück Haut von seiner rechten Hand blieb im Seil zurück.

Der Schöne erzählte den Brüdern von seinem Missgeschick. Man war sich einig, dass nur Aine den Fall lösen konnte. Der lächelte ruhig vor sich hin. „Macht euch keine Sorgen. Ich werde die Sache regeln."

Beim ersten Morgenlicht befahl der Amenokal, die Kriegstrommel zu schlagen, um alle Männer des Lagers zusammenzurufen

Die Trommel schwieg. Alle Männer waren versammelt. Der Amenokal ließ den Mann suchen, dem Haut an einer Hand fehlte. Schnell war der Schöne gefunden. Er sollte sterben.

Aine bat den Herrscher ums Wort. „Vielleicht kann ich die Sache aufklären. Wir hatten unter uns Brüdern eine Wette abgeschlossen. Der eine Bruder behauptete, er könne den riesigen Felsbrocken dort, den noch nie jemand bewegt hat, leicht hochheben. Der andere Bruder wollte einen Löwen im Lauf überholen. Der dritte erklärte schließlich, er könne ganz ohne Hilfe in dein Haus eindringen. Sogar in das Gemach, in dem du schläfst. Und ich habe behauptet, dass ich mit dir sprechen werde."

Schon hob der Starke den Felsbrocken und ließ ihn dem Amenokal vor die Füße rollen. Ein Löwe wurde freigelassen, und der Schnelle überholte ihn. Der Schöne jedoch war bereits in das Haus des Amenokal eingedrungen und wartete in dessen Schlafgemach. Und Aine hatte mit dem Amenokal gesprochen. Dieser beugte sich dem Druck der unwiderlegbaren Tatsachen. Er schenkte dem Schönen das Leben und schickte alle vier Brüder mit Kamelen, Gold und Geschenken zu ihren Eltern zurück.

Der Mula-Mula, ein kleiner schwarzer Vogel mit weißem Kopfschmuck und weißen Flügelspitzen, lebt überall dort in der Wüste, wo es Wasser gibt. Sieht man ihn in der Nähe sitzen, sind bei der Ankunft im Lager wichtige Neuigkeiten von fernen Lieben zu erwarten. Besucht er einen dreimal an einem Tag, geschieht ein Unglück.

Die Tuareg besitzen keine Bücher, aber eine eigene Schrift: das ‚tifinagh', das mit der als „numidisch" bezeichneten libyschen Schrift der Antike verwandt ist. Man findet es auf vorzeitlichen Felsinschriften und Schmuckstücken. Es wird erzählt, dass jeder einzelne Buchstabe, ‚iggi', ein Rätsel darstellt. Die Buchstabenfolge, ‚iggilain', ergibt ein lesbares Wort. ‚Tifinagh' wird auch verwendet, um Liebeserklärungen in den Sand zu schreiben, die ein Mann seiner Angebeteten nicht direkt sagen kann. Sie antwortet auf die gleiche Weise. Der Wind verwischt alle Spuren.

Wenn man in der Wüste lebt, dann lernt man gleichmütig bittere Not und Überfluss anzunehmen. Die Ewigkeit der Welt ist vergänglich, die Blüte, die nur einen Tag blüht, rechtfertigt manchmal die gesamte Menschheitsgeschichte.

Albert Camus

Heute sind die weißen Paillettenblusen der Tuaregfrauen im Niger reine Mode. Während der Tuaregrebellion gegen den nigrischen Staat, die 1990 ausbrach, trug man sie als Symbol der Unterstützung für die Kämpfer. Man nennt sie ‚themsi n'Rhissa' – das Feuer von Rhissa. Rhissa Ag Boula war einer der Rebellenführer. 1995 unterzeichnete er stellvertretend für alle einen Friedensvertrag, und inzwischen ist er der Tourismusminister des Landes.

Plötzlich ist das Gewitter da. Schnell und ohne Vorwarnung. Maßlos und heftig. Dunkel und laut. Ockerfarbener, nasser Staub färbt die Luft und verwehrt jede Sicht. Klarer Sonnenstrahl weicht trüber Schemenwelt. Millionenfacher Aufprall schwerer Tropfen auf hartem Sand, unterbrochen vom Jaulen des Windes. Kamele schreien, Ziegen meckern und Menschen lachen.

Mit dem Tod jedes alten Menschen in Afrika verschwindet eine unersetzliche Bibliothek.

Cheikh Anta Diop

Wahrlich, es gibt im Paradies einen Baum, der so groß ist,
dass ein Reiter in seinem Schatten einhundert Jahre lang reiten kann,
ohne sein Ende zu erreichen.

Mündliche Überlieferung des Propheten Mohammed

Plötzlich ist das Wasser da. Es steigt unablässig. Der schnell entstandene Fluss rauscht mächtig und reißend nach Süden. Er bringt die Babys, erzählen die Tuareg ihren Kindern. „Wenn du unartig bist, holt er dich wieder."

‚Alkhat‘ heißen die prallen, bitteren Melonen, die von Schafen, Ziegen und Eseln gefressen werden. Ihr Saft lindert den Biss des Skorpions, und das im heißen Sand erhitzte Fruchtfleisch hilft gegen Rheuma.

Vierzig Tage lang bleibt eine Frau nach einer Geburt in ihrer Hütte. Den Haushalt führen Schwestern und Cousinen. Der Ehemann wohnt in dieser Zeit bei seiner Familie. Am vierzigsten Tag schickt er seiner Frau neue Kleider. Sie zieht sie an, nimmt das Baby auf den Arm und geht zur Hütte ihrer Schwiegereltern. Dort feiert man ein großes Fest. Das Ehepaar sieht sich wieder. Die Schwiegereltern lernen das Kind kennen. Nun dürfen Mann und Frau wieder zusammenleben.

Die Bewohner der Gegend sprechen weniger Arabisch als vielmehr Berberisch, die alte Sprache Nordafrikas und Palästinas, die Sprache, die die Karthager sprachen, die die heilige Monika sprach, deren – nicht griechischer, sondern berberischer – Name Königin bedeutet, die Sprache, die der heilige Augustinus liebte, weil sie, wie er in seinen „Bekenntnissen“ sagt, die Sprache seiner Mutter war.

Charles de Foucauld

Während der Tuaregrebellion 1990 bis 1997 im Niger zogen viele Nomaden in die Nähe der Städte. Im offenen Gelände wurden sie zu oft Zielscheiben der Militärs. Tuareg, die nur ihre Kamele suchten, wurden als Rebellen verdächtigt, verprügelt und manchmal auf der Stelle erschossen.

Schnell ist die Luft voller Sand, der durch jede Ritze bis tief in die Lungen dringt. Die Sonne ist verschwunden und mit ihr das Licht. Das Heulen des Sturmes spielt laute Musik. Aber einmal ist der Spuk vorüber. Jetzt wird es so still, dass man den Atem der Erde ahnt.

Die Zunge hat keine Knochen.

Sprichwort der Tuareg

Afrika ist in vier Teile geteilt. Der dritte Teil wird im Arabischen ‚es-sah-ra'
(wörtlich: „von gelber Farbe") genannt, was Wüste bedeutet.

Leo Africanus

Wenn du die Liebe der Frauen erringen willst, dann setze dich lange zu ihnen.
So ehrst du sie. Führe sie freundlich am langen Zügel. Trage dein Haupt höher als sie.
Zeige mehr Stolz, als sie es vermögen.

Elkhaj Ag Sid El Bekri

Der farbige Ganzkörperschleier wird von Algeriens Tuaregfrauen, die in Städten leben, mehr und mehr getragen. Einst unbedeckte Gesichter werden verhüllt, um sich auf der Straße den Respektlosigkeiten von Männern, vor allem Soldaten, die im Süden ihren Militärdienst tun, zu entziehen.

Der Legende nach ritt vor langer Zeit, als die Steine noch weich waren, T-in-Hinan auf einem weißen Kamel mit ihrer Dienerin Takama von Tafilalelt in Marokko durch die große Wüste nach Abalessa im Hoggar-Gebirge. Sie wurde die erste Königin der Tuareg und gilt als Ahnherrin der zwei edelsten Tuaregstämme, während von Takama drei tributpflichtige Vasallenstämme abstammen. T-in-Hinans Einfluss war so groß, dass die Tuareg des Hoggar noch heute von „unser aller Mutter“ sprechen.

„Wer Gott nahe sein will, muss die Welt verlassen." Dieser Mystik des Christentums setzte Charles de Foucauld entgegen: „Wer Gott begegnen will, muss mit den Menschen leben. Genauso wie sie." Der Gründer des Ordens der Kleinen Brüder und Schwestern, der zu Lebzeiten für diese Art von Christentum keine Gefährten fand, lebte und arbeitete von 1905 bis zu seiner Ermordung in der ersten Dezembernacht 1916 bei den Tuareg des Hoggar. Major Laperrine, ein enger Freund, berichtete: „Nichts ist komischer, als Charles de Foucauld inmitten eines götterähnlichen Halbkreises von würdigen Tuareg-Damen thronen zu sehen. Während sie ihren Tee schlürfen, Pfeife rauchen und schwatzen, schreibt er unaufhörlich."

„Als ich vom Tod Ihres Bruders, unseres Freundes Charles, hörte, schlosser sich meine Augen. Die Welt verdunkelte sich. Ich habe geweint und unzählige Tränen vergossen. Ich fühle mich verlassen. Sein Tod fügt mir großen Schmerz zu. Charles, der Marabout, ist nicht nur für Sie, sondern auch für alle, die hier leben, tot. Möge Gott ihm seine Gnade gewähren, und mögen wir uns eines Tages im Paradies wiedersehen", schrieb Amenokal Moussa Ag Amastane, der Herrscher der Tuareg des Hoggar, am 13. Dezember 1916 in einem Brief an die Schwester von Charles de Foucauld.

Schakal und Echse

Ein Schakal und eine Echse, die erst wenige Tage zuvor Freundschaft geschlossen hatten, waren in einem sandigen, trockenen Flusstal unterwegs, in dem es nur ein paar dürre Akazien gab. Plötzlich sahen sie im Schatten eines Baumes eine Gazelle liegen. Schwach und ohne Lebenskraft. Bald würde der Tod sie ereilen. „Schnell, Freund Echse", sprach der Schakal. „Such uns Brennholz, während ich das Tier töte. Was für ein glücklicher Tag!"

Bald war die Gazelle ausgenommen, ein Feuer entfacht. Dann wurde die Leber in kleine Stücke zerschnitten, von weißem Bauchfett ummantelt auf einen dünnen Ast gespießt und über die Glut gehalten. Was für ein verlockender Duft! Der Schakal blickte auf das Fleisch. „Gerade genug für mich", dachte er und wandte sich an die Echse: „Freund Echse, könntest du mir einen großen Gefallen tun? Meine alte, zahnlose Mutter lebt im übernächsten Tal hinter dem Berg und würde sich über ein paar Stücke gebratene, weiche Leber sicher sehr freuen. Während du sie ihr bringst, kümmere ich mich um die Zubereitung des Fleisches." Die Echse war gerührt von dem Familiensinn des Schakals und machte sich auf den Weg.

Drei Stunden später kam sie voller Vorfreude auf den saftigen Braten zurück. Von ferne sah sie den Schakal neben der Feuerstelle liegen. Er musste wohl, von der Küchenarbeit erschöpft, eingeschlafen sein. Der arme Schakal. Gerade als sie den Freund aufwecken wollte, entdeckte sie, dass überall abgenagte Knochen herumlagen. Kein Festmahl, nur ein Schakal mit prallem Bauch. Die Echse sann auf Rache.

Vorsichtig befestigte sie die abgenagten Knochen am buschigen Schwanz des Schakals. Sie betrachtete ihr Werk, war zufrieden und schrie dem Schlafenden ins Ohr: „Freund Schakal, da kommt ein Mann!" Der Schakal grunzte, ohne auch nur ein Auge zu öffnen. „Lass mich schlafen. Ich bin erschöpft." Ich weiß, wovon, dachte die Echse und fuhr fort: „Der Mann hat zwei große Hunde." Da sprang der Schakal auf und lief davon, als wären böse Geister hinter ihm her. Er hörte Knochenklappern, und sein Schwanz war merkwürdig schwer. Die Verfolger mussten ihm dicht auf den Fersen sein. Er rannte schneller und schneller. Nach einer Weile wurde das Klappern leiser und das Gewicht weniger. Bald löste sich auch der letzte Knochen. Nach einer Weile, als kein Verfolger mehr hinter ihm schien, blieb der Schakal stehen. Er drehte sich um. Niemand zu sehen. Aber lag dort, weiter hinten, nicht ein abgenagter Gazellenknochen im Sand? Der Schakal kehrte zurück und fand den Beweis für die Rache der Echse. Wütend machte er sich auf den Rückweg, um sie zu bestrafen.

An der Feuerstelle angekommen, fand der Schakal die Spuren der Echse und folgte ihnen bis dorthin, wo sie in ein tiefes Felsloch auf Höhe seiner Augen führten. „Was für eine gute Idee, sich dort vor Feinden zu verstecken, Freund Echse. Wie bist du nur in dieses Loch hineingekommen?" – „Das ist sehr einfach, Freund Schakal", antwortete die Echse. „Sammle viel Brennholz, leg es vor den Felsen und zünde ein Feuer an. Wenn der ganze Stein um das Loch herum sehr heiß ist, schiebst du das Feuer vorsichtig beiseite und schlägst mit dem Kopf an den Eingang. Dann tut sich der Felsen auf."

Der Schakal tat genau, was die Echse gesagt hatte. Als er endlich mit dem Kopf an das Loch schlug, war sein Körper von der Hitze der Steine schon gegart. Die Echse aber, der diese Temperaturen nichts anhaben konnten, verließ blitzschnell ihr Versteck und fraß den gebratenen Schakal, bevor er verbrannte. Nun hatte sie Schakal samt Gazelle im Magen und schwor: „Alle Betrüger müssen aus unserer Welt verschwinden."

Der Hirte

Ein Hirte lebte ausschließlich für seine Herde. Kein Fest, kein Flirt konnte ihn ablenken. Seine einzige Freude, sein einziger Stolz war es, die schönste und fetteste Herde zu besitzen und die Menschen darüber sprechen zu hören: „Er hat die allerschönste Herde des Aïr-Gebirges." Der Hirte wanderte und wanderte, wollte nirgendwo anhalten. Er wollte nicht heiraten. Nicht einmal eine geliebte Frau. Versuchten Freunde, den Hirten zurückzuhalten, entfloh er aus Angst, dass seine Herde einen guten Weidegrund verpassen und abmagern könnte. So verging das Leben des Hirten allein mit der Herde. Und die Frauen sangen vergebens. Einige voller Lob. Andere voller Verachtung. Der Hirte lebte nur für seine Herde.

Strauß und Igel

Eines Tages sah ein Igel, der frohgemut mit einigen Freunden im Schatten einer Akazie zusammensaß, einen Strauß vorbeischlendern. „Guten Morgen lieber Strauß. Wie geht es? Ist die Familie gesund?" Der Strauß erwiderte die freundliche Begrüßung nicht. Das ärgerte den Igel. „So ein arroganter Geselle", dachte er und sagte laut: „Du hast zwar lange Beine, aber ich würde ein Rennen zwischen uns gewinnen." Der Strauß lachte verächtlich. „Du mit deinen kurzen Beinchen und diesem fetten Körper willst mich, den Strauß, schlagen?"

„Natürlich!", entgegnete der Igel herausfordernd. „Morgen früh um die gleiche Zeit treffen wir uns und tragen das Rennen auf dem Weg von hier bis zum Brunnen aus." Der Strauß willigte ein. Eine solche Frechheit musste im Keim erstickt werden. Langsam trabte er aufrecht durch den weichen Sand davon.

Der Igel sprach zu seinen Freunden: „Kommt morgen kurz nach Sonnenaufgang wieder her und versteckt euch zwischen den Steinen oder im Gebüsch entlang des Weges. Falls mich der Strauß während des Rennens sucht, taucht immer einer von euch vor ihm auf und ruft: „Wo bleibst du, Strauß?“ Die Freunde lachten, bewunderten den klugen Igel und versprachen, ihm zu helfen.

Am nächsten Tag war der Strauß um die abgemachte Zeit zur Stelle. „Eins – zwei – drei!“, das Rennen begann. Der Strauß rannte und rannte, während der Igel nach einigen Schritten aufgab und sich im Schatten eines Steins zur Ruhe legte. Bald drehte der Strauß den Kopf nach hinten. Kein Igel in Sicht. „Wo bist du Igel? Etwa schon müde?“ – „Nein“, tönte es vor ihm. „Wo bleibst du, Strauß?“ Und der Strauß rannte noch schneller. Sobald er sich nach dem Igel umsah, tauchte dieser vor ihm auf. „Unmöglich“, dachte der Strauß und raste weiter. Schon wieder rief es: „Wo bleibst du, Strauß?“ In seinem Ehrzeiz, den Igel einzuholen, vergaß der Strauß, sich seine Kräfte einzuteilen. Er wurde langsamer und immer langsamer. Weit vor dem Ziel versagten seine Beine ihren Dienst. Erschöpft fiel der Strauß in den warmen Sand. „Igel, ich verspreche, dass ich einen, der schwächer scheint als ich, in Zukunft nie mehr unterschätze.“ Einige Meter vor ihm ertönte freundliches Igellachen.

Gouellouan, die wundersame Kuh

Ein Mann hatte einen Sohn und eine Tochter, Aïer und Taïert. Als die Mutter starb, verheiratete sich der Mann aufs Neue. Doch die Stiefmutter liebte die beiden Kinder der verstorbenen Frau nicht. Als Erbe hatte die Mutter ihren Kindern eine Kuh hinterlassen. Taïert kümmerte sich liebevoll um das Tier. Tag für Tag. Gouellouan gab viel Milch. Sie schied Datteln und Goldstücke statt des Üblichen aus. Taïert vergrub die Goldstücke und versteckte die Datteln unter ihren langen, zu Zöpfen geflochtenen Haaren, um sie am Abend mit Aïer zu teilen.

Eines Tages zog die Stiefmutter Taïert zur Bestrafung an den Haaren. Einige Datteln fielen heraus. „Wo hast du die Früchte gestohlen?“, schrie die Stiefmutter. „Aïer hat sie mir geschenkt“, antwortete das Mädchen, das gemeinsam mit dem Bruder der Mutter auf dem Sterbebett versprochen hatte, das Geheimnis der Kuh niemals zu verraten. Die Stiefmutter glaubte ihr nicht, schrie sie weiter an und bedrängte sie mit Fragen. Am Ende gab Taïert zu, dass die Datteln von Gouellouan stammten.

Am gleichen Tag erkrankte der Vater schwer. Die Stiefmutter beschloss, Gouellouan zu töten, um ihren Mann mit dem Fleisch der wundersamen Kuh zu heilen. Die Kinder weinten und jammerten, aber die Stiefmutter blieb hart. Die Kuh wurde getötet, das Fleisch zubereitet und dem Vater gebracht. Aber er konnte es nicht essen. Auch sonst konnte niemand einen Bissen davon essen. Das Fleisch war verhext. Taïert wurde der Schwarzen Magie bezichtigt. Man wollte sie töten. Im letzten Moment ergriff Aïer die Hand seiner Schwester und floh mit ihr. Auf der Flucht kamen Aïer und Taïert durch ein schmales, sandiges Tal, in dem Gouellouan oft gegrast hatte. Plötzlich näherte sich ihnen eine junge Kuh, die dem getöteten Tier sehr ähnlich sah. Es war Gouellouans Tochter. Sie gab Milch, Datteln und Goldstücke. Endlich hatten die Geschwister wieder zu essen und zu trinken.

Eines Tages hörten Aïer und Taïert ihre Verfolger dicht hinter sich. Sie kletterten auf ein hohe Akazie, um sich zu verstecken. Sie wurden entdeckt, weigerten sich aber, vom Baum herunterzukommen. Und hinaufklettern konnte niemand, weil die dünnen Äste der Akazie keinen Mann getragen hätten. Man rief den ‚amenokal', den Herrscher. Dieser befahl Aïer herunterzukommen. „Nein", entgegnete der Junge. „Du wirst meine Schwester töten, wenn ich sie allein lasse." Da fiel der Blick des Amenokals auf das Mädchen. Sie war wunderschön, und er verliebte sich auf der Stelle. „Kommt sofort herunter! Ich werde Taïert einen Teppich aus Gold und viele andere Geschenke machen." – „Das möchte sie nicht", sprach Aïer. „Gib uns ein Haus aus Holz, das man verschließen kann, damit wir geschützt sind." Der Amenokal versprach es. Aïer und Taïert kamen vom Baum herunter.

Wenig später heiratete der Amenokal Taïert. Sie liebten sich sehr. Die Frauen des Lagers wurden bald eifersüchtig auf die Fremde und ihre bevorzugte Stellung. Als der Amenokal eines Tages fern vom Lager weilte, ergriffen sie ihre Feindin, erwürgten sie mit ihren eigenen langen, glänzenden Zöpfen und warfen sie in einen tiefen ‚aguelmam', ein Wasserloch zwischen hohen Felsen.

Am nächsten Morgen kehrte der Amenokal zurück. Mit Tränen in den Augen berichtete Aïer ihm von der Schreckenstat. Der Amenokal ließ alle Frauen hinrichten und brach sofort zum ‚aguelmam' auf, um Taïert zu betrauern. Ein Wunder geschah. Taïert stieg lebendig aus dem Wasser und umarmte ihren geliebten Mann.

Gott beschützt die Schwachen und fesselt die Hände der Bösen.

Im Paradies gibt es Räume, deren Äußeres man von innen und deren Inneres man von außen sehen kann. „Prophet Gottes, für wen werden sie sein?", fragte ein Beduine. „Für den, der seine Worte gut wählt, der Speisen gibt, Ausdauer beim Fasten hat und in der Nacht betet, während die Menschen schlafen."

Mündliche Überlieferung des Propheten Mohammed

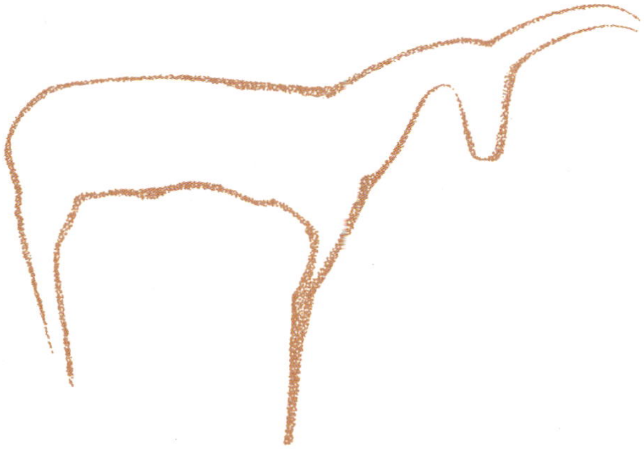

Derjenige, der ununterbrochen rastlos herumrennt, weiß viel weniger, als jener, der ruhig im Lager bleibt, zuhört und denkt.

Sprichwort der Tuareg

Die Luft flirrt, diesig und hell, zeigt die Wüste als flaches Gemälde ohne Tiefe. Gnadenlose, harte Sonne auf ihrem höchsten Stand. Hitze. Nun schmilzt das Licht. Flimmernde Trugbilder narren das Auge. Jede Bewegung ist eine Qual. Und in diesen Momenten empfängt man das kostbare Geschenk der Vorfreude auf die Kühle der Nacht.

Sind Mann und Frau für sich, so essen sie zusammen. Die jüngeren Kinder essen abseits allein. Hat der Mann einen älteren Sohn, so isst er mit ihm. Hat die Frau eine ältere Tochter, so isst sie mit ihr. Hat das Ehepaar Gäste, so isst die Frau nicht mit ihrem Mann.

Charles de Foucauld

1914, im Jahr des Hungers, herrschte die Hitze. Es herrschte der Sand. Es herrschte der Durst. Kaum eine Karawane wanderte durch die Wüste nach Osten, um in den Oasen Hirse gegen Salz und Datteln zu tauschen. Die Kamele waren schwach. Sie starben. Viele der prächtigen, großen Tiere. Und nach den Tieren starben die Menschen.

Die Jugend besitzt die Schönheit. Das Alter den Respekt.

Sprichwort der Tuareg

Woher haben die Menschen ihren Blick auf die Ewigkeit, wo sie doch vom Zufall auf eine warme Lava geworfen sind und schon vom andringenden Sand und Schnee bedroht werden? Ihre Kultur ist nur eine dünne Vergoldung, die ein Vulkanausbruch zerreißt, ein neues Meer wegwäscht, ein Sandsturm begräbt.

Antoine de Saint-Exupéry

1997 war der bordeauxrote Turban das äußere Zeichen zorniger Rebellen, die den 1995 geschlossenen Friedensvertrag mit dem nigrischen Staat nicht mehr anerkannten. Ein Jahr später war der bordeauxrote Turban en vogue.

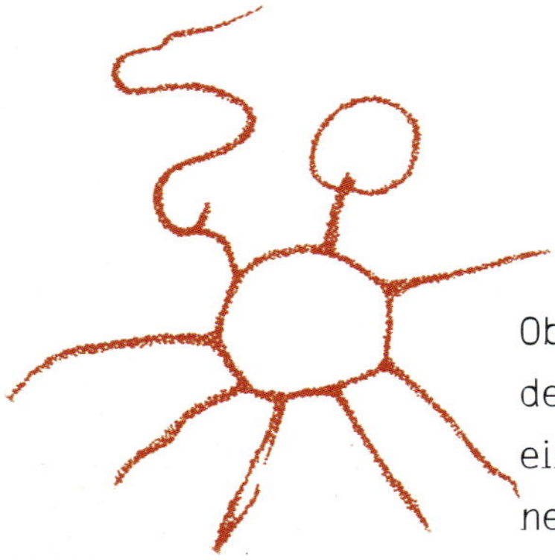

Obgleich die Franzosen ähnlich wie wir von dem Grundsatz ausgingen, dass sie die Vollendung der Menschheit sind (bei ihnen war das allerdings nicht ein verborgener Instinkt, sondern ein Dogma), zogen sie im Gegensatz zu uns die Folgerung daraus dass sie ihre unterworfenen Völker ermutigen müssten, ihnen nachzueifern. Diese konnten zwar niemals die wahre Größe eines Franzosen erreichen, aber ihr Wert nahm zu, je näher sie ihr kamen. Wir fanden es komisch, wenn man uns nachahmte, die Franzosen betrachteten es als Huldigung.

T. E. Lawrence

Da die Wüste keinerlei greifbaren Reichtum bietet, da es in ihr nichts zu sehen, nichts zu hören gibt, drängt sich die Erkenntnis auf, dass der Mensch vor allem aus unsichtbaren Anreizen lebt, denn das innere Leben, weit entfernt davon einzuschlafen, nimmt an Kräften zu. Der Mensch wird vom Geist geleitet. In der Wüste bin ich das wert, was meine Gottheiten wert sind.

Antoine de Saint-Exupéry

Das Aïr-Gebirge und seine Randgebiete sind einer der ältesten Entstehungsräume menschlicher Kultur: Keramik (10. Jahrtausend v. Chr.), Kupferverarbeitung (Anfang 1. Jahrtausend v. Chr.) und Eisenbearbeitung (7. Jh. v. Chr.), Felsbilder und Gravuren erzählen davon. Antilopen, Giraffen und Elefanten bezeugen den Vormarsch der Wüste. Reiter zu Pferd, mit Lanzen bewaffnet – Vorfahren der Tuareg?

Afrikas Völker sind heiter, vielsprachig, lebensfreudig. Jedoch der Stil ihrer seelischen Ausdrucksfülle ist ernst und herb, heute wie in weit zurückreichender Zeit. Dieser Stil muss einmal entstanden, einmal geboren sein und dann in seiner Eigenart verharrt haben! Es liegt der Zauber rätselhaft weit zurückliegender Geburt in ihm. Sollte es möglich sein, der Geistigkeit so fernen Geschehens nahe zu kommen?

Leo Frobenius

Das wahre Leben der Wüste sind nicht die Wanderungen der Völker, wenn sie ausziehen, etwas Weidegras zu suchen. Das wahre Leben ist eben jenes Spiel, das daneben gespielt wird.

Antoine de Saint-Exupéry

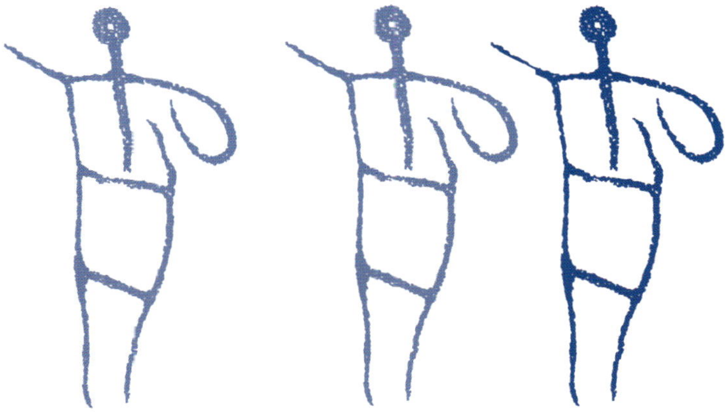

Bagga, ich habe die, deren Mund so süß ist wie die Geige, im letzten Drittel der Nacht verlassen. Sie blieb noch dort, beim ‚ahal‘, dem Flirt mit anderen jungen Edlen. Als ich in meinem Lager ankam, wurde ich fast ohnmächtig und musste mich auf meine Lanze stützen.

Lied der Tuareg des Hoggar

Welch geheimnisvolle Ahnenreihe haben wir doch: glühende Lava, Sternenmasse, eine erste Zeile sind Keime des Wunders, dem wir entstammen. Langsam sind wir so weit gestiegen, dass wir Symphonien schaffen und Sterne wägen.

Antoine de Saint-Exupéry

Alte Frauen im Aïr-Gebirge bauen am ersten Tag der Hochzeit die Hütte, in der das Brautpaar die sieben Nächte der Hochzeitsfeierlichkeiten verbringen wird. Erst wird das Bett aufgestellt. Danach bohren sie zwei Tragegabeln aus Holz, an denen die Habseligkeiten einer Familie befestigt werden, an das Kopfende des Bettes in den Sand. Um den Hausrat stecken sie einen Kreis aus Stangen, die sie mit biegsamen Querstangen miteinander verbinden, bis die Form eines halben Eis entstanden ist. Später werden über das fertige Gerüst Bastmatten gerollt und daran festgebunden. Die Hütte und ihr Inhalt gehören der Frau.

Reisen ist, wenn man nicht denkt, sondern die Abfolge der Dinge vorbeiziehen sieht, wenn sich das eigene Lebensgefühl dem Maß des Raumes einfügt. Die sich langsam entfaltende Monotonie der Landschaft trägt dazu bei, uns Erholung von jenen Falten zu gönnen, die wir angenommen haben. Beim ruhigen Schritt der vor Hitze ermatteten Pferde bewahren die geringsten Zufälligkeiten des Weges in meinen Augen ihre bildhafte Schönheit. Es sind keine aufgeregten Situationen; es ist ein ruhiger Geisteszustand, der einst allen menschlichen Rassen eigen war und sich heute noch, ganz in unserer Nähe, im Blut der Nomaden verewigt.

Isabelle Eberhardt

Reisen heißt leben lernen.

Sprichwort der Tuareg

Das Reich des Menschen ist innerlich. So ist auch die Wüste nicht aus Sand gemacht und nicht aus Tuareg und Beduinen.

Antoine de Saint-Exupéry

Nur wenn sich die Liebe tief im Herzen verbirgt, hat sie Bestand. Zeigt sie sich nur nach außen, wird sie sich selbst zum Gift. Wer auch vorbeizieht, mit Esel oder Kamel, verbreite die Kunde: Die Liebe lebt nur in der Stille.

Amenna-Oult-Sedâda

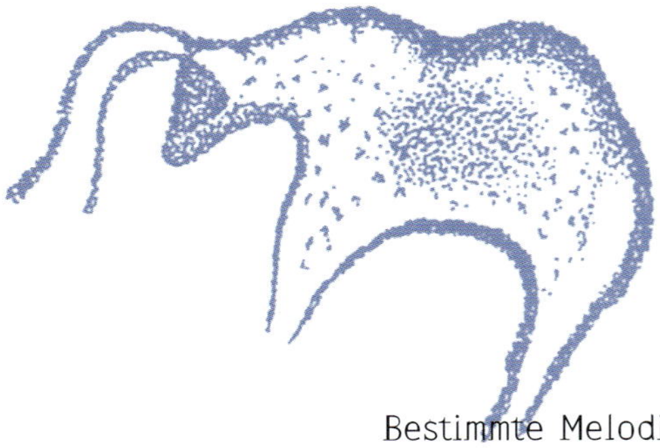

Bestimmte Melodien darf man nicht nach Mitternacht spielen, weil sie in Trance versetzen. Andere haben die Macht, die Frauen zu verführen oder die Tiere auf die Weide zu führen … Aber das ist ein Wissen, das geheim bleiben muss.

Ali Faka Touré

In manchen Städten der Wüste ist es so heiß, dass Gott ihre Bewohner nach dem Tod ohne Umwege ins Paradies schickt, weil sie die Hölle bereits auf Erden erlitten haben.

Legende aus der Sahara

Der Prophet zeichnete ein Quadrat und zog von dessen Mitte aus eine Linie nach außen. Zu dieser zeichnete er innen von der Seite aus kleine Linien und sagte: „Dies ist der Mensch und seine Erde um ihn herum. Das, was hinausragt, ist seine Hoffnung, und die kleinen Linien sind die Ereignisse. Wenn eines ihn verfehlt, trifft ihn ein anderes. Wenn ihn dieses andere verfehlt, trifft ihn das eine.

Mündliche Überlieferung des Propheten Mohammed

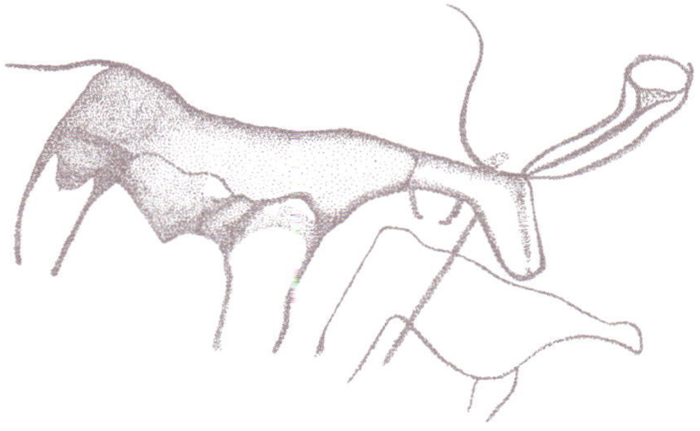

Ich wollte von diesem Land Besitz ergreifen, und nun hat es von mir Besitz ergriffen. Manchmal frage ich mich, ob die Erde des Südens nicht alle Eroberer vereinnahmen wird, die mit neuen Träumen von Macht und Freiheit kommen werden, genau wie sie alle früheren nach ihrem Bild geformt hat. Ist es nicht die Erde, welche die Menschen macht?

Isabelle Eberhardt

Zitatnachweis

(Angaben zu Sprichwörtern und Liedern der Tuareg sind unter „Sprichwörter" zu finden. Texte ohne Angaben im Bildteil stammen von der Autorin.)

aicher, otl, ‚gehen in der wüste', Frankfurt/Main 1982

Amenna-Oult-Sedâda, in: Charles de Foucauld, ‚Poésies touarègues', Paris 1925

Barth, Heinrich, ‚Reisen und Entdeckungen in Nord- und Centralafrika in den Jahren 1849–1855', Gotha 1857

Batuta, Ibn, in: Francis Rodd, ‚People of the Veil', London 1926

Camus, Albert,
- S. 64, 68 Tagebücher 1935–1951', Reinbek 1995
- S. 112 in: ‚Sahara', Eltville 1994

Diop, Cheikh Anta, ‚Great African Thinkers', New Brunswick und Oxford 1986

Eberhardt, Isabelle, alle Zitate aus ‚Sandmeere', Band 1 und 2, Reinbek 1983

Elkhaj Ag Sid El Bekri, in: Foucauld, ‚Chants Touaregs'

Elmoudessir Ag Metuk, in: Foucauld, ‚Chants Touaregs'

Ezeiouel Agg Ag Serada, in: Foucauld, ‚Chants Touaregs'

Foucauld, Charles de
- S. 36, 88, 120 ‚Lettres à Madame de Bondy', Paris 1966
- S. 40 in: ‚Brother Charles of Jesus, The Little Sisters of Jesus' (englische Ordensbroschüre), England o. J.
- S. 65, 70, 103, 137 Ch. de Foucauld und A. de Calassanti-Motylinski, ‚Textes Touaregs en Prose', Aix-en-Provence 1984
- S. 107 „Lettre à Henri de Castries le 8 Janvier 1913", in: ‚Charles de Foucauld 1858–1916' (Ordensbroschüre der Kleinen Brüder und Kleinen Schwestern in Algerien) o. J.
- S. 129 ‚Chants Touaregs', Paris 1997

Frobenius, Leo
- S. 57 ‚Das sterbende Afrika', Band 1, München 1923
- S. 102 ‚Der Ursprung der afrikanischen Kulturen', Berlin 1898
- S. 145 ‚Kulturgeschiche Afrikas', Wuppertal 1993

Hawad, ‚Touaregs, Exil et resistance', in ROMM No. 57, Aix-en-Provence 1990

Klagelied aus der Sahara, in: Isabelle Eberhardt, ‚Sandmeere 1', Reinbek 1983

‚Der Koran – das Heilige Buch des Islam', München 1959

Lawrence, T. E., ‚Die sieben Säulen der Weisheit', München 1996

Legende aus der Sahara, erzählt von Abdelkader Touhami, Tamanrasset

Leo Africanus, ‚Description del'Africa', Staatsarchiv Hamburg 1525

Mündliche Überlieferung des Propheten Mohammed, in: ‚Worte wie Oasen', Freiburg i. Br. 1995
- S. 116 aus Bukhari 23, 77
- S. 134 aus Tarmadhi 3, 238
- S. 156 aus Bukhari 23, 24

Roubeid Alojaly, in: Foucauld, ‚Poésies touarègues', Paris 1925

Saint-Exupéry, Antoine de
- S. 16, 78, 92, 140, 146, 148, 152 in: ‚Wind, Sand und Sterne', Düsseldorf 1988
- S. 143 ‚Brief an einen Ausgelieferten', Gesammelte Schriften Bd. 3, Düsseldorf 1959

Sassa-oult-Oukachcha, in: Foucauld, ‚Poésies touarègues', Paris 1925

Sidati ag Sheik, in: ‚Sahara', Time Life International 1978

Sidi Ag Chebbab, in Anlehnung an Frederica de Cresco, ‚Tuareg – Nomaden der Sahara,' Lausanne 1971

Sprichwörter, Lieder und Legenden der Tuareg
- S. 15, 47, 104, 135 in: ‚Grenier de Poesies, legendes, maximes d'autrefois', Paris o. J.
- S. 11, 17, 43, 74, 139, 151 (aus dem Aïr) erzählt von Tulla aus Agadez
- S. 6, 39, 41, 49, 55, 56, 76, 91, 97, 98, 123 (aus dem Hoggar) erzählt von Abdelkader Touhami aus Tamanrasset
- S. 71, 147 in: Foucauld, ‚Poésies touarègues', Paris 1925

Thesiger, Wilfred, ‚Arabian Sands', London 1959

Touré, Ali Faka, in: Thomas Dorn, ‚Houn-Nokoun', München 1997

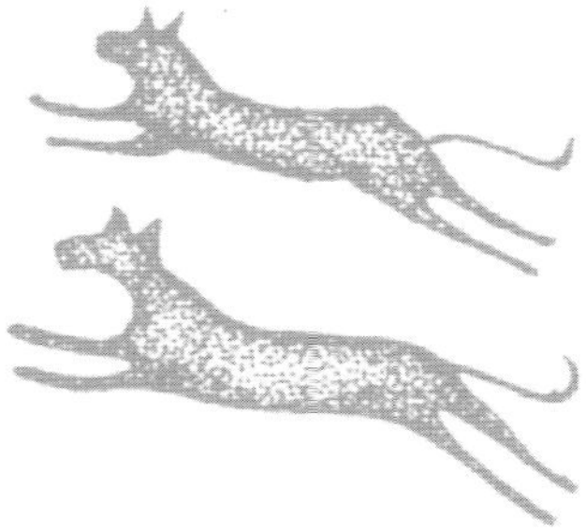

Nachweis der Legenden

Mann und Frau erzählt von Amo Atefok

Schakal und Hase aufgezeichnet von Marly ag Amayas und Ennou ag Gamanrassa

Schakal und Löwe aufgezeichnet von Kamal Aikar

Amerokal Amamellen und Elyez erzählt von Abdelkader Touhami

Mohamed und der Weg der Kamele von Acharad-Rad aufgezeichnet von Ahmera ag Acherif

Ouanes und Tanes aufgezeichnet von Marly ag Amayas und Ennou ag Gamanrassa

Vier Brüder aufgezeichnet von Ahmera ag Acherif

Schakal und Echse erzählt von Abdelkader Touhami

Der Hirte aufgezeichnet von Rhissa ag Barka

Strauß und Igel erzählt von Abdelkader Touhami

Gouellouan, die wundersame Kuh aufgezeichnet von Marly ag Amayas und Ennou ag Gamanrassa

Literatur

Bernus, Edmond, ‚Touaregs Nigeriens‘, Paris 1981

Bruggmann, Maximilien und Henri J. Hugot, ‚Zehntausend Jahre Sahara‘, München 1993

Chavanne, Dr. Josef, ‚Die Sahara oder Von Oase zu Oase‘, Wien, Pest, Leipzig 1879

Creyaufmüller, Wolfgang, ‚Mauren und Twareg‘, Stuttgart 1979

Dayak, Mano, ‚Je suis né avec le sable dans mes yeux‘, Paris 1996

Dayak, Mano, ‚Touareg, la tragedie‘, Paris 1992

Durou Jean Marc, ‚Ténéré – Désert d'absolus‘, Paris 1990

Fuchs, Peter, ‚Fachi – Sahara-Stadt der Karuri‘ (Studien zur Kulturkunde, Band 90), Wiesbaden 1983

Fuchs, Peter, ‚Das Brot der Wüste‘ (Studien zur Kulturkunde, Band 67), Wiesbaden 1989

Gabus Jean, ‚Guide du Musée d'ethnographie de Neuchâtel‘, o. J.

Göttler, Gerhard, ‚Die Tuareg‘, Köln 1989

Hawad, H. Claudot, ‚Caravane de la soif‘, Paris 1985

Hawad, H. Claudot, ‚Testament Nomade‘, Paris 1991

Hugaut, Henri J., ‚Missions Berliet – Ténéré Tchad‘, Lyon 1962

Kirk-Greene, A. H. M., ‚Barth's travels in Nigeria‘, London 1962

Klute, Georg, ‚Die schwerste Arbeit der Welt‘, o. O. 1992

Krings, Thomas, ‚Sahel‘, Köln 1982

Lhote, Henri, ‚Vers d'autres Tassilis‘, Paris 1976

Maitre, J.-P., ‚Téfedest Central‘, Paris 1971

‚Touaregs‘, Katalog des Musée de l'Homme, Paris 1993

Ploussard, Jean, ‚Mein Leben bei den Tuareg‘, 2 Bde., München 1983

Ramir, Sylvie, ‚Les Pistes de l'oubli Touaregs au Niger‘, Paris 1991

Rochid, Mohamed und Isabelle Eberhardt, ‚Enterprise Nationale du Livre‘, Algérie 1991

Sèbe, Alain, ‚tagoulmoust‘, o. O. 1979

Sèbe, Alain, ‚moula-moula‘, o. O. 1981

Schiffers, Heinrich, ‚Die Sahara und ihre Randgebiete‘, München 1972

Spittler, Gerd, ‚Dürren, Krieg und Hungerkrisen bei den Kel Ewey (1900–1985)‘ (Studien zur Kulturkunde, Band 89), Wiesbaden 1989

Trost, Franz, ‚Die Felsbilder des zentralen Ahaggar‘, Graz 1981

0 125 250 375 500
ATLANTISCHER OZEAN
MAROKKO
Rabat
TELL-ATLAS
SAHARA-AT
ATLAS
HOHER ATLAS
Lagh
Gha
El Gol
Timimoun
WESTLICHER GROSSER
Tinduf
Adrar
TOUAT
In Salah
TIDIKELT-
ALGERIEN
WESTSAHARA
S
A
H
TANEZROUFT
IFORAS-GEBIRGE
Kidal
MAURETANIEN
Nouakchott
MALI
Timbuktu
Gao
SENEGAL
S
A
NIGER